基礎法学翻訳叢書

現代法哲学入門

アンドレイ・マーモー 著
森村進 監訳
伊藤克彦 訳者代表（解説）

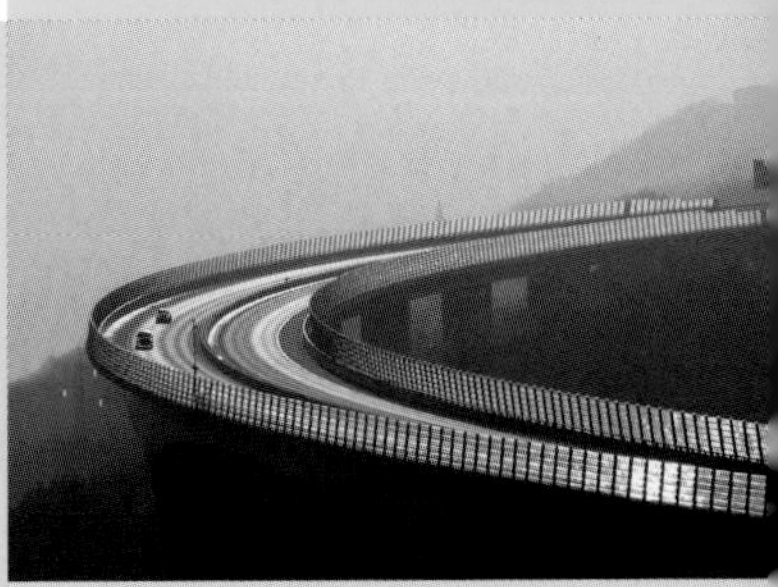

keiso shobo

PHILOSOPHY OF LAW
(Princeton Foundations of Contemporary Philosophy Book 10)
by Andrei Marmor

現代法哲学入門　目次

目次

［凡例］

・強調を表す原文中のイタリック体は、太字にして示した。
・本文中の訳者による補足は、［　］を用いて示した。
・文章の構造がわかりにくい箇所については、語句のまとまりを〈　〉を用いて示した。
・原著の注は本文右側に（1）、（2）……などの番号を付し、各章末に示した。また、訳注は本文右側に［1］、［2］……などの番号を付し、各章末の原注の後に示した。

序論

二〇〇八年の初夏、カリフォルニアのハイウェイには次のメッセージを示す電気標識がたくさん見られた。「七月一日からハンズフリー通話。これは法律です！（It's The Law!）」カリフォルニアの運転者はこの標識が言っていることを正しく理解したことだろう。つまりカリフォルニア州議会はその年のそれ以前に、運転中ハンズフリー装置を使わずに携帯電話を使用することを禁ずる、新しい法律を制定したのである。[1]むろんこれらの標識自体が法律なのではない。これらの標識は、いわば「これが法律だ！」ということを運転者に教え、思い出させただけだ。これは興味深い種類の情報である。なぜならそれは記述的と指令的という二種類の異なったタイプの内容を含んでいるからだ。前者の意味では、このメッセージは、その年のそれ以前に州都サクラメントで起きたある**出来事**について何ごとかをわれわれに教えている。だがそれは後者の明確な意味で、われわれがある仕方で行動す**べき**である――つまり、今やわれわれは運転中に携帯電話を使おうと望むならばハンズフリー装置を使わねばならない――ということをわれわれに思い出させる。要するに、今やそれは**法**（the law）なのだ。そしてむろんのこと、この両者の意味は因果的に関係している。ハンズフリー装置を用いるべしという法的責務は、ある出来事――すなわち、サクラメントにおいてある特定の人々がある場所に集まり、話し合い、挙手し、ある文書に署名した、といったこと――が現実に起きたという事実から、何らかの仕方で生じているのだ。

内容のこの二重性について考える際に法哲学が生ずる。法というものは、大体において、規範の体系［システム］である。法の本質的性質は指令的だ。つまり、その目的は行為を導き、行動様式を変え、その対象が実践に関して行う熟慮を拘束することにある。一般的に言って、法の目的は行為のための理由をわれわれに与えることだ。言うまでもなく、すべての法律が責務を課するわけではない。発展した法体系の中の大変多くの法律は、さまざまの種類の権利を与え、他の権利や責務を変更する法的権能を提供し、それらの法的な権能や権限を定める組織を設立する。法が含んでいる規範のタイプはとても多様だとはいえ、おおむね法規範は指令的な性質のものである。だが法律は世界の諸様相を記述することをめざしてはいないし、事態のあり方に関する命題からなっているわけでもない。何らかの仕方で、法律は人々の行動への影響あるいは制約を目的としている。そして大部分の場合、人々に行動のための理由を与えることによってそうする。法のこの側面を、その本質的に規範的な性質と呼ぶことにしよう(2)。

しかしながら、法の規範は典型的には人間の創造物であるという点でかなりユニークな規範体系である。例外があるかもしれないが、大体のところ法は熟慮的な人間行動が作り出したものだ。法規範は立法府あるいはさまざまの機関によって制定されるか、あるいは司法的決定を行う裁判官によって創造される。法は典型的には意志行為の産物である。この二つの観察を組み合わせると、われわれは法哲学者たちを悩ませてきた主要問題を理解し始めることになる。――集団あるいは諸個人によっていわば遂行される、基本的に人間行動・意志行為であるところの時空間内の出来事が持つ、このユニークな規範的意味をいかに説明すべきか？　またこの規範的意味は何に存するのか？

法哲学者たちはこの問題が二つの主要な問題からなっているということを理解してきた。一つは合法性、あるいは**法の効力［妥当性］**（legal validity）という観念そのものに関する問題、そしてもう一つは**法の規範性**（legal normativity）という概念に関する問題である。もう一度カリフォルニアの道路標識を考えてみよう。それはわれわれに、今やわれわれが従うべきことがあって、われわれは「これが法律です！」という理由によってそうすべきである、と述べている。前者の法の効力に関する問題は、この規範的内容（あなたが運転中はハンズフリー装置を使用すべきだということ）を実際に法たらしめるものは何か、という問題だ。そして後者の問題は、そのような規範が指令する「べし」の性質に関するものである。

法の効力という概念から始めよう。われわれは「Xだということが法である」とか「法はあなたにXを要求している」とかそれに似たことを言うとき、暗黙のうちに法の効力という観念に依拠している。いかなる規範的内容についても、それは特定の時点の特定の法域（jurisdiction）において法的に有効か、法的に有効でないか、あるいはもしかすると法的に有効か否かが疑わしいものでありうる。しかし道徳や論理の効力と違って、法の効力という観念は場所と時間にしっかりと結びついている。ハンズフリー携帯電話を使用せよという要請は、今はカリフォルニアでは法的効力があるが、ネヴァダではそうでないし（そこではそのような法的要請が当てはまらない）、カリフォルニアで今は効力があるが、二年前にはそうでなかった。要するに、**法**がこれこれしかじかであるということが示唆されているときはいつでも、時と場所の問題が重要なのだ。しかしそれにもかかわらず、ある規範的内容を法的に有効なものたらしめる条件が一般的に何であるかを決定する哲学的説明があるはずだ、と広く想定されている。ある規範的内容が特定の時と場所において法である、ということを真ならしめるものは何か？　そのことを決定するファクターの種類は何か？　別の言い方をすれば、法の効力に関する哲学的な問題はこうだ。

「X〔何らかの規範的内容〕はC〔特定の場所そして／あるいは人々〕についてtの時点で法である」という形式の命題を真（あるいは偽）たらしめる**一般的な条件**は何か？

この問題の一般的な性質が何より重要だということに注意してほしい。どんな法律家も、たとえば何がカリフォルニア道路交通法の内容を法的に有効にするかを知っている。それは、この法律はカリフォルニア州憲法が定める手続に従ってカリフォルニア州議会によって正当に制定された、という事実だ。しかし哲学者が関心を持っているのはこの問題のはるかに一般的な側面である。われわれが理解しようとしているのは〈法の効力という観念を構成する諸条件は一般的に何か？〉というものだ。これらの条件は、特定の時と場所で起きた行為や出来事のような社会的事実にとどまるものか？　もしそうだとしたら、他の行為ではなしにこれらの行為だけを法的に意味あるものたらしめるのは何か？　また法の効力の条件はおそらくそのような事実に尽きるものではなくて、まだ何か他にも規範的考慮が必要なのかもしれない。当該の規範が創造されるに至った仕方だけでなく、その内容もまた法の効力に関係するのか？　さらに、法の効力がその規範を創造した行為や出来事と必然的に結びついているわけではないという可能性もある。高名な法哲学者の中には、規範の法的効力は時として道徳的推論から導き出されることがありうると論じてきた人がいる。ある規範的内容が法的に効力を持つのは、それが道徳や他の類似した考慮に基づく推論によってこの状況下で妥当しているとわれわれが結論づける内容だからである、ということがありうる。これらが、合法性という観念自体に関して生ずる一般的な問題だ。われわれが明確化しようとしているのは、規範の法的効力を構成する一般的諸条件の説明なのである。

大ざっぱに言うと、法の効力の条件に関する一般的諸問題に対する回答においては、三つの主要な学派が生じてきた。**法実証主義**と呼ばれる一つの学派が十九世紀前半に発生し[3]、それ以後かなりの影響力を保持しているが、それによると、法の効力の条件は社会的な事実によって構成される。合法性を構成するものは、人々の行為と信念と態度に関する事実の複雑な集合であり、法の効力の諸条件は基本的にそれらの社会的事実に尽くされる。われわれが最初の二つの章で見るように、ここにおける論争の極めて重要な側面は、還元が可能か否かにかかわる。つまり、法の効力の条件は非規範的なタイプの事実に還元できるのか?

自然法と呼ばれる、ずっと古くからの伝統に発する別の学派によれば、法の効力の諸条件は——時空内の行為と出来事に必然的に結びついてはいるが——法律を作り出すそれらの行為と出来事によって尽くされるものではない。規範として想定されているものの内容、たいていはその道徳的内容も、その法的効力と関係する。道徳的受容可能性の最小限の閾値も満たさない規範的内容は**法的に**効力を持つことができない。聖アウグスティヌスの有名な言葉が言うように、lex iniusta non est lex（不正な法は法ではない）。この見解はトマス主義自然法の伝統に帰することができるとしばしば言われてきた。それが正しいかどうかは論争の余地のある問題だが、私はここで詳しく考えることはしない[4]。またそれが今でも哲学的に支持を受けている見解であるかどうかは疑わしい。

法の効力の諸条件に関する第三の見解は、自然法の伝統からいくらかのインスピレーションを受けてはいるが、それとは基本的な点で異なるところがあって、道徳的内容は合法性の必要条件ではないが十分条件でありうるとする。この見解によると、時として道徳‐政治的推論は、ある規範的内容が法的に効力を持ち、それが特定のコンテクストで法の一部をなすという結論を十分導くことができる。第4章で見るように、この見解には二つの主要ヴァージョンがある。その一つはロナルド・ドゥオーキンが明確化したものであり、もう一つは伝統的な法実証主義のかなりの変形として生まれたものである。

法実証主義もそれに対する諸批判も、法の効力に関する統一理論を形成してはいない。法理学のこれらの伝統のいずれの中にも、重要な変形や異なる見解がある。だがそこには繰り返して生ずるテーマがある。それは、この論争は〈法の効力を構成する諸条件を、規範として想定されているものの内容評価から分離することが可能か〉という問題を中心としている、ということだ。法実証主義は効力の条件が内容から分離できるとみなすが、この伝統の批判者たちは非分離説をとる。後者の見解によると、何が法**である**かは、ある重要な意味における**べし**の意味において法があるべき姿に、部分的に依存しているのだ。

法がわれわれの行為の理由を提供することをめざしているということには、誰もが同意する。あるいはそう思われる。法の本質的な規範的性質についてはいかなる深刻な疑いもない。疑いが存在するのは、法的規範がいかなる種類の理由を提供するかという問題についてである。たとえば、法的責務という単純な観念をとってみよう。——ある法的規範が「Fという特徴を持つすべての人は、Cという状況下ではφすべし」と規定しているとする。この「べし」の性質は厳密には何か？　またそれが、道徳的な「べし」ともし関係しているとしたら、どのように関係しているのか?

ここで肝要な第一のステップは、われわれが持ちうる二種類の異なる関心を区別することだ。一つの関心は、法的責務に従うべき道徳的責務の問題に関係する。法がφすべき責務を課そうとするという事実は、〈それゆえφすべしという道徳的責務がある〉ということを必ずしも含まない。あるいは別の言い方をすれば、法的な「べし」は、必ずしもすべてを考慮した上の「べし」ではない。人がφすべき法的責務を負っているということは、その人が道徳的に、あるいはすべてを考慮した上で、φすべきか否かという問題を解決するわけではない。[5] しかしながら〈法的責務を順守すべき道徳的な責務があるか〉という問題は道徳的な論点であって、法の性質に関する論拠によって決められるものではない、ということは広く認められている。道徳的な論点はわれわれが法の性質とその規範的性質をどのように理解するかに部分的に依存しているかもしれないが、結局のところ、法に従うべき一般的な道徳的責務があるかどうか、またいかなる状況下でそうなのかは道徳の問題であって、道徳的な根拠によって決せられるべきものだ。

だが法哲学者が関心を持っている問題はそれとは異なる。それは法的責務(と法的指令の他のタイプ)が何に存するかに関する問題だ。法がその対象に課そうとする「べし」の性質は厳密には何なのか? それは道徳的責務のようなもので、単にそれを別のパースペクティヴから見たものにすぎないのか? それともある条件下における道徳的責務の一種なのか? それとも法的な「べし」は〈もし人が法的責務を順守しなければ、その人はある望ましからざる帰結を引き起こすことになるだろう〉という予言的言明に還元されるべきなのか?

法の規範性の性質に関するこれらの問題に対して哲学者たちが与えてきたさまざまの答えを特定の

諸学派の下に区分することはとても難しい。〈合法性の概念に関する別々の学派は、法の規範性の概念の概念についてもそれに対応する別々の見解を含んでいる〉と考えたくなるかもしれないが、残念なことに必ずしもそうではない。しかしながら次のような一般的な関係がある。——法的責務を道徳的責務の一種、あるいはそれと同等のものとみなす傾向が強ければ強いほど、法の効力と道徳の分離に抵抗する傾向も強くなる。つまり別の言い方をすると、ここにはある圧力がある。——もし人が法について、それをわれわれに道徳的な行為理由を与える種類の規範的内容を持つものとして考えるならば、人は〈合法性自体が何らかの道徳的内容に条件づけられている〉と考える傾向がある。人がそれとは反対に、合法性の条件が法の道徳的内容から分離していることがあると認めるならば、〈法は必然的に、あるいは典型的に、われわれに道徳的な行為理由を与える〉という見解を採ることは難しい。確かにこれは圧力にすぎない。この圧力に抵抗する方法があるかどうかは、これからいくらか詳しく見ることになる問題である。

法の性質に関するこの二つの問題——法の効力の条件と法の規範性に関する問題——は、今日の法哲学の中に別の種類の論争を最近生み出した。それは法哲学という営為自体の性質に関するものだ。もし実際に法の事実的な側面がその規範的な内容から分離できないとしたら、法とは何かに関する哲学的な説明は、法に帰される規範的な内容から分離できないということになるだろう。この非分離説によると、法哲学は必然的に規範的なタイプの哲学——つまり、あるべき法に関する問題に必然的に従事するタイプの哲学——である。だからここでわれわれは法哲学の性質に関する論争に至った。——それは何かを記述し、それが何であるかを述べることだけをめざす種類の理論なのか、それとも物事がいかにあるべきかに関する何らかの見解を必然的に含む種類の哲学なのか？　法哲学の性質に関するこの方法論的論争は今日の法哲学の中で中心的なテーマの一つになってきた。驚くべきことではないが、法の事実的側面と規範的側面の間の関係について非分離説をとる人々は、法哲学の記述的要素と評価的要素についても非分離説をとる傾向がある。この二つのタイプの非分離説が必然的に結びついているか、またそうだとしたら厳密にはどのように結びついているかは、本書の別々の部分で取り上げることになる難問だ。

この二つの主要テーマ、すなわち事実と規範の関係と、実体と方法の関係とが、本書の主要な議論に浸透している。実体と方法の両方における分離の可能性、そして両者間の微妙な関係に関する論争が前世紀の法哲学の理論活動の多くに浸透していた、ということを私は示したい。私はまた、これらの論争のかなりの部分は還元の可能性という問題をめぐっているということも示したい。

第1章において、私は法の「純粋」理論［純粋法学］を提示しようというハンス・ケルゼンの影響力ある試みと、その失敗の理由を論じる。ケルゼンの純粋法学は、方法と実質の両方における完全な分離説の最もめざましい――そして多くの点で、今でも最も興味深い――擁護論である、ということを私は示したい。このプロジェクトの失敗の主たる理由は、それが分離説を反還元主義と同一視したことにある、と私は論ずる。つまりケルゼンは〈法の性質に関する理論は、法的事実を他のいかなるタイプの事実にも――社会的事実にも道徳的事実にも――還元してはならない〉と考えていたのだ。

第2章において、私は法哲学へのH・L・A・ハートの貢献のいくつかを示す。ハートの『法の概念』は二十世紀の法哲学への単一の貢献として最も重要なものであると広くみなされている。実際のところ、私はハートの理論が法と法哲学における分離説の展開の最も首尾一貫した試みであり、それは徹底的に還元的なものである、ということを示したい。だがここで私はまた別の分離を導入することになる。それはハートの理論が試みたが私見ではそれほど成功しなかったもので、法と国家主権との分離だ。ホッブズから十九世紀の主要な実証主義者に至る法実証主義の伝統は、法を政治的主権の道具として見てきた。それは近代国家の誕生から大きな影響を受けたものだ。この見解によると、法は政治的主権者の命令からなっている。法と国家主権とのこの同一視は根本的に間違った発想であると示そうとしてハートは苦労した。実際、ハートは伝統的な法実証主義がここで方向を誤ったと論じた。法は政治的主権から発生するのではない、なぜなら政治的主権というわれわれの観念自体が部分的に法規範に依存しているからだ、というのである。私は、われわれの法の理解を主権概念から分離させようとするハートの試みは部分的にしか成功していない、と論ずる。われわれは法と国家の間にあまりにも緊密な関係を作り上げるのを避ける必要があるという点で、ハートは正しい。しかしジョゼフ・ラズが示したように、法と権威の間には本質的な関係があるということも同じように重要だ。法の本質的に権威的な性質の分析、そしてそれを社会的ルールに基づくハートの法の捉え方と調停させる試みが、第3章のトピックとなる。この章において私は法の性質に関するハートの主要な洞察のいくつかとラズの洞察を一緒にして、〈法の基礎を慣習によって説明することが、この二人の最善の洞察を取り込むことができる——少なくともいくらかの変更を加えれば〉と論ずる。

第4章において、私は法の性質に関する**実体的**非分離説の今日の諸ヴァージョンを考察する。すでに述べたように、この見解は二つの主要な形をとる。ドゥオーキンの影響力ある理論によると、法の内容は規範的考慮から決して分離できない。何が法であるかは——常に、そして必然的に——法がいかにあるべきかに関する、ある評価的考慮にかかっている。この非分離説のもっと穏健な一ヴァージョンによると、法の内容が規範的考慮から分離できるか否かは偶有的な問題であって、それはある法システムの中でたまたま通用している規範にかかっているので、非分離説は少なくとも時として真である、ということになる。この章の主要な議論は、これらの見解は両方とも間違っているというものだ。しかしここでの議論が完結するのは最終章になってからにすぎない。その前の第5章において、私は非分離説の**方法論的**ヴァリアントを考察する。このヴァリアントによると、法の性質に関するいかなる哲学理論も、法実証主義も含めて、あるべき法に関する何らかの規範的見解を必然的に含意することになる。この主張にはいくつかのヴァージョンがある。私はそれらを区別して、このタイプの非分離テーゼのあるヴァージョンは実際にはハートの法哲学の記述主義の意図と衝突するわけではなく、衝突するヴァージョンはそれ自体として欠点がある、と論ずる。適切に理解すれば、ハートの方法論的分離説は擁護できるのである。

第6章は法の内容の理解における言語と解釈の役割に焦点をあてる。この議論を動機づけたのは、われわれは解釈なしには法の言うことを決して理解できないというドゥオーキンの議論だ。彼の論ずるところでは、解釈というものは部分的に、とはいえ必然的に、評価を含むので、法が何を要求しているかの理解は必ず何らかの評価的考慮に依存しているというのである。私はこの章で、法の指令を理解するということをこのように捉えるのは、言語と言語的コミュニケーションに関するある誤解に基づいていると論ずる。法が言っていることの意味論的・語用論的側面のいくつかを解明しようとする試みが、この章の主たる目標である。一つの目的は、適切な仕方で言語学的考慮を取り入れれば、解釈は法が言っていることを理解するための標準的形態ではなくて逆に例外だとわかる、ということを示すことだ。この章の別の目的は、〈発話状況の理解の特定の語用論的側面をどのように利用すれば、法が言っていることを理解することと解釈することとの間の相違を明確にできるか〉を示すことだ。そしてこの最終章は、方法と実体の両方における、法の性質に関するかなり強い分離説の擁護を完成させることになる。

法哲学は本書で論じた種類の論点だけに限られるわけではない。哲学の仕事のかなりの部分は、不法行為や契約や刑事責任や刑罰や法律と憲法の解釈やその他の多くの個々の法領域に関係する。本書は法の一般的性質に関する哲学的論争に焦点をあてた。不法行為の哲学や契約の哲学などもそれぞれで一冊の入門書に値する。さらに、〈法の性質に関する哲学的な理解が、いかなる特定の法分野の性質の哲学的探究のためにもプロローグでなければならない〉などと主張したら、それは僭越だろう。刑法や不法行為法や契約法といった分野の中で哲学者の興味を引く論点の多くは、特定の法的ドクトリンの基礎にある正当化に関する道徳的論点であることがほとんどだ。そういうわけで、それらの論点は法の一般的性質に関するいかなる特定の理解にも本当は依存していない。法の効力は社会的事実に還元できるか否かという問題を本書はいくらか詳しく論ずるわけだが、単純にそれは、刑法で用いられるさまざまの責任観念をどうしたら一番うまく説明できるかとか、不法行為法の主要なドクトリンは矯正的正義によって理解するのが最善かといった問題に影響を及ぼさない。これらの探求は互いに全く独立している。

しかしながら、一般的法理学や本書で論じた種類の問題に間接的にでも依存するような、哲学的に興味ある主題はいくつもある。第4章と第6章で見ることになるように、法令解釈の性質に関する主要問題の中には、法の性質やその最善の説明方法に関する主要問題と密接にからまり合っているものがある。法の支配——そしてその美徳——もまた、法の性質に関する一般的な哲学的見解にも依存する論点で、文献において広く論じられている。法の支配について書く人たち——哲学者、法律家、政治学者——のほとんどは、**法による支配**（rule by law）には何か特別のものがあって、そのためにそれが望ましい統治形態なのだと想定している。だから彼らは、リーガリズムはそれ自体としてある点で善いものであり評価に値する、と想定しているに違いない。しかしむろんのこと、そのようないかなる見解も、リーガリズムとは何かに関する何らかの捉え方に基づいているに違いない。——つまりそれは、法とは一般に何であるか、また何が法を社会統制の特別の手段たらしめているかに、少なくともある程度までは依存しているに違いない。

本書は過去約一世紀半の間に法の性質に関する哲学で論じられてきた主要な論点のいくつかに焦点をあてている。本書はこの限定された焦点においても包括的であることを意図していないし、法に関心を持っている哲学者たちが論じている論点のほとんどをカバーしているわけでもない。本書は報告書ではなく、特定の立場を擁護する議論として書かれた。私の同僚の多くはこの立場と意見を異にするだろう。しかしながら哲学がめざすものは真理であって、コンセンサスではない。実り豊かな見解の相違が、人が望みうる最善のものである。

私は原稿にコメントしてくれた友人と同僚に多くを負っている。スコット・ソームズとギデオン・ヤッフェは親切にも全体を読んで計り知れない価値があるコメントと示唆を与えてくれた。ジョセフ・ラズはいくつかの章へのコメントで極めて役に立ってくれた。カイム・ガンズとマーク・シュローダーとスティーヴン・フィンレイとプリンストン大学出版会の査読者たちにもコメントと建設的示唆について感謝する。

原注

(1) カリフォルニア道路交通法二三一二三条。「(a) ワイアレス電話を使用しながら自動車を運転してはならない。ただしその電話がハンズフリーの利用だけのために特に設計されたものであって、運転中その仕方で使用される場合を除く」。

(2) 法は、行為のための理由を与えることによっては直接に現実化されないような、他の規範的側面を持つこともありうる。法は他のさまざまな形態によって行動の実例あるいは基準を設定するかもしれないし、人々の信念や態度に影響を与えることを目的とするかもしれない。

(3) もっとも十九世紀の法実証主義の基本的発想は明らかにトマス・ホッブズの政治哲学まで跡づけることができる。

(4) ジョン・フィニスがトマス主義自然法はこのテーゼにコミットしていないと論じたことは有名である。彼の *Natural Law and Natural Rights* を見よ。

(5) 私は道徳的な「べし」がすべてを考慮した上の「べし」であるとか、あるいはその逆であるとかいったことを示唆していない。これらはこの問題を考えるために二つの似た方法にすぎない。

第1章　法の純粋理論？

哲学においても他分野の例にもれず、あるものを別の種に属するものによって説明するというのは、よくなされる試みだ。一般的に言って、理論的な説明とはこの説明を指す。世界がある面では見通しがたく思えたとしても、より見通しがきく別の面によって説明していくことで、わずかなりとも確かな進歩がもたらされることになる。哲学分野でなされるものであれ科学分野でなされるものであれ、説明の内には、**還元的**と呼ばれるユニークな特徴を持ったタイプのものが含まれる。説明が還元的であるというのは、ある言説タイプや言明集合が明確に区分けされており、そうした言明集合を他のタイプや集合によって十全に説明できる場合である。たとえばわれわれが生きる心的領域について、世界の物理的側面から見た諸事実により十全に説明できるならば、心的領域の物理的領域への還元的説明がなされたことになる。しかし哲学上の説明においては、還元の方向とは反対に、ある種の現象は別の現象へと還元することがなぜ不可能なのか、あるいは、ある種の説明は別の説明へと還元することがなぜ不可能なのかを示そうと画策するものもある。この章では、後者にあたる反還元主義的な法の理論から始めることとしよう(1)。

反還元主義的な法の理論について、最もクリアかつ一貫した形で提示しようとしたのが、二十世紀前半におけるハンス・ケルゼンである。ケルゼンは自身の目標を、法の**純粋理論**［純粋法学］を描き出す試みと位置づけていた[2]。その目標とは、ケルゼン自身の言葉を借りれば、「あらゆる政治的イデオロギーから、あらゆる自然科学的要素から純化された法理論」、つまり「（中略）対象の独自法則性を自覚した、それゆえ法理論の独自性を念頭においた法理論の展開[3]」であった。

ここで法が、かたやイデオロギー（ここでは道徳というべきか）に、かたや自然科学に挟まれていることは偶然ではない。法を道徳的・イデオロギー的に基礎づけたいと誘引されてしまうのは、法が本質的に規範的な性格を持っていることに根ざしている。法は理論的な分野ではなく、実践的な違いを生み出す分野に属する。こうした法は人々に行為の理由を与えるものとされるが、ここからは直ちに次の問いが生じる。ある行為が法により要請されたという事実が、なぜその行為を選ぶことを支持するのだろうか？　素朴に考えるなら、ある法的要請がある行為を選ぶことを支持するという事実を構成しうるのは、法が少なくともある面では善いと言える場合に限られる。そしてもちろん、法のすべてが道徳的に見て、あるいは別の観点から見て、本当に善いわけではない。それにもかかわらず、法であるものや法的要請とみなされるものは、いくばくかでも何か善いもの（あるいは正しいことや、道徳的に要請されているもの）に依存しているはずだ、と考えてしまう誘引は強い。というのも何はともあれこの誘引にのってしまえば、法が要請したという事実がある行為を選ぶことを支持する理由は、説明しやすくなるのだから。しかし、この誘引こそまさに抵抗すべきものだ、とケルゼンは論じた。彼の考えでは、法哲学は、法が何であるかの説明へと限定されねばならない。そして、一般的にみて法が善いか悪いか、あるいは特定の法律が善いか悪いかは、［法が何であるかとは］独立した――道徳哲学者が明らかにすべき――問いである、と。言い換えればケルゼンは、いわば論点を先取りしてこう考えていたのだ。もしも合法性［リーガリティ］についての分離説、つまりは法の効力を法の持つ道徳的内容からは完全に分離できるとする見解が証明できる日が来たなら、その見解は、法の性質についてより良い種類の説明となるだろう、と。(4)

しかしここで、われわれがたどってきた［イデオロギーから離れてきた］ルートをよく見てみよう。法が何であるか——とりわけ法が効力を持つ一般的条件が何であるか——を、法規範の持つ道徳的な内容（意味）や規範的な内容（意味）に一切言及せずに説明しなければならないとすると、法とみなされるものを確定する一定の事実、すなわち非規範的な事実があることが示されねばならない。ひとまず法とみなされるものを十分に確定してくれるものとして、人々の行為や信念、態度についての社会的な事実があるとしよう。しかし、このような説明ができてしまうのならば、法を［イデオロギーではないにせよ］社会的事実へと還元してしまうことにならないだろうか？　単にある種類のものを別の種類のもので説明してしまっただけではないだろうか？　さらにいえば、合法性を社会的事実によって説明できてしまうのならば、法哲学者としては、上記説明は［法哲学分野ではなく］社会学分野が引き取った方がよいという結論へと抵抗することはできるだろうか？　法理論は他の種類の理論へと、つまり社会現象を説明するのに適した理論へと還元すべく努めるべきではないのか？　この還元こそ、ケルゼンが苦心して抵抗した［イデオロギー的］誘引の反対側にある、法理論を社会学やその他どんなものであれ「自然科学」へと還元しようとする誘引なのである。

ここから、法理論が主として取り組むべきは、ケルゼンが考えたように、法律学や「法科学」を他の分野に還元しようとすることなく、合法性や法的規範性を説明することとなる。私の考えでは、ケルゼンが反還元主義の目標を達成できたとは言いがたい。ケルゼンの理論は、現実には法の効力を社会的事実へと還元する、あるタイプの還元をもたらしてしまっているのだが、ケルゼンはこのことを一切認められずにいた。本章では、少なくともこの重要な点においてケルゼンが主張した反還元主義は破綻したものの、この破綻からは重要な教訓を学びうると論じる。ただし別の意味においては、法哲学を社会学へと一般的に還元できるという点については、ケルゼンが主張した反還元主義は根拠のあるものでもあり、ここからもまた重要な教訓を学びうると論じていくつもりである。

根本規範

ここで、［冒頭で挙げた例の］カリフォルニア州において、今やハンズフリー装置を用いない限り、運転中の携帯電話使用が法的に禁止されていることを思い起こそう。しかし、なぜこのようなことになったのか？　わずか二年前には禁止されてはいなかったのに、そこから何が変わったというのか？事態は以下のとおりである。二〇〇七年一二月、サクラメントの州議会議事堂において、一二〇人ほどからなるあるグループが一堂に会し、この［運転中の携帯電話使用］問題について議論を行った。この結果として、ある文書を承認するか否かの議題に対し、挙手で応えた。この承認された文書への署名を求めるべくアーノルド・シュワルツェネッガーという名の人物に回し、速やかに署名を得た。今描写した類の行為や出来事は法でないと注意を促していた点で、ケルゼンは全く正しい。描写したこれら行為や出来事を新たな法律の**制定**（enactment）だと述べることとは、上記の行為や出来事を一定の仕方で**解釈する**（interpret）ことなのである。

これらの出来事を法的行為とするのは、その事実性ではなく、この行為に結びつけられた客観的意味、この行為の持つ意味である。この出来事が、特殊法学的な意味、特に特有の意味を持つのは、一つの規範によってである。この規範が、その内容と出来事とを関連づけ、その出来事に法的意味を付与し、その行為がこの規範に従って解釈されることを可能にするのである。この規範は解釈図式としての役割を果たしている(5)。

ケルゼン曰く、法とは解釈図式である。呼び方はどうあれ、「行為や出来事の持つ」現実性や客観性は、意味の空間に属する。われわれはある行為や出来事に法規範的な意味を付与するわけだ。とはいえ、ここで直ちに浮かぶのは、なぜある行為や出来事はこうした法的な意味を持ち、他の行為や出来事はこうした法的な意味を持たないのか、という疑問である。問題をごくシンプルに捉えるべく、次の筋道で考えてみよう。私が「運転中に携帯電話を使用するのは避けるべきである」と私的に宣言しようとも、その宣言が法的には意味を持たない言明となることは確かだが、この事実を説明できるものとは正確にはどのようなものだろうか？ 「私的宣言に対し、」カリフォルニア州議会が同内容のある規範を制定する場合には、カリフォルニア州においては、運転中に携帯電話を使用するのは避けるべきであることが法律となる。言語行為の内容は上記いずれの事例でも同一であり、「事例間の」違いを説明するものが何もないのは確かである。では、ここで意義ある違いとは何なのか？ この問題へのケルゼンの答えは、驚くほどシンプルなものである。ある行為や出来事が法規範的な意味を持つのは、別の法規範によって規範的意味を付与されるからだ。そして、ある行為が法律を創造または修正することができるのは、当該法創造を権威づける別の「より上位の」法規範を適用する場合においてである。同様に、この「より上位」の法規範が法的に効力を持つのは、先ほど同じく当該法制定を権威づけるまた別の「より上位」の法規範に適合して創造された場合においてであり、かつその場合に限られる。つまるところ、アメリカ合衆国では、カリフォルニア州議会が交通規制を制定できることが［私的宣言と異なり］**法**（the law）なのであり、私の宣言が（実際にそう思われるが）どんなに賢明で賞賛に値するものであろうとも、法的には無意味であることもまた**法**なのである。では、何がこれ［＝権威づけ関係に基づく規範］を法たらしめるのか？　カリフォルニア州憲法は、州議会に対して、一定の範囲の内容と法域につき法制定の権能を与えている。では、カリフォルニア州憲法が法的に効力を持つのは何に由来しているのか？　同効力についての答えは、合衆国憲法によって与えられた権威づけに由来するというものである。では、合衆国憲法が法的に効力を持つのは何に由来しているのか？　合衆国憲法が自らを「この国の最高法規」と宣言している事実によるのではない。どんな文書も［文面上は］同じように述べうるが、合衆国憲法という特定の文書だけが現実にはアメリカ合衆国の最高法規なのである。

問題は、権威づけの連鎖がここで終点を迎えることである。（原典となる）合衆国憲法の制定を権威づける、より上位の法規範は存在しない。よく知られているように、ケルゼンはここに至り、憲法の法的な効力は**前提**（presuppose）とされねばならないとした。いかなる法体系においてもある段階においては、他のいかなる法規範によっても権威づけられていないが、しかし権威づける規範に到達する。このため、権威づけられていない規範もまた法的に効力を持つことが前提とされねばならない。ケルゼンが「**根本規範**（the basic norm）」と呼んだのは、この前提の持つ規範的内容のことである。根本規範とは、［この規範に］関連する法体系を（原初において、歴史的に）形作るものが持つ、法的な効力の前提をなす［規範的な］内容なのである。[6]

ケルゼンの見立てによれば、上記に対する代替案は単に存在しない。より正確には、どんな［還元的な］案も、「である」から「べし」を導き出すことを禁じるヒュームの法則に反する。よく知られているように、ヒュームは、実践的論証が何らかの指令文、つまり「こうすべきだ」「ああすべきだ」といった類の文を結論として導く場合には、その前提として、少なくとも一つの指令文が含まれていなければならないとした。もしもある議論における前提条件が**すべて**（all）記述的なものである場合、つまりは「こうである」「ああである」ということを述べる場合には、論理的に推論できる指令的な結論は存在しないことになる。このヒュームの議論を、ケルゼンは非常に厳格に受け取っていた。ケルゼンは、たとえばある法律の制定を形作る行為や出来事は、すべて「である」の範囲にある——行為や出来事は世界において位置づけられる——と見た。［これに対して］法規範、すなわち法は、「べし」言明の範囲にある——行為を導くことを目的とする規範である。したがって、前提をなす一連の「である」文の集合から、「べし」タイプの結論を得るためには、背景にある何らかの「べし」前提を明らかにせねばならない——結論へと関連するタイプの「である」へと規範的な意味を与える「べし」前提である。現実の法の効力の連鎖はどこかで終わりを迎えるため、「べし」が前提とされねばならない地点へと到達することは避けようがない。これこそが根本規範という前提なのである。

上記の理解はヒュームについての理解としては表面的にすぎるだろうか？　あるいはヒュームの議論を逆に深刻に捉えすぎであろうか？[7]［後ほど］私もこの意見に賛意を示すが、まずはケルゼンの見解を正確に復元する必要がある。根本規範の考え方は、ケルゼンの法理論において三つの理論的機能を果たしている。一つ目は、法の効力を非還元的に説明することへと根拠を与える機能。二つ目には、法の規範性を非還元的に説明することへと根拠を与える機能。三つ目は、法規範の体系的な性質を説明するという機能である。以下では、主として最初の二つの説明上の機能に焦点をあてたい。そのため、三つの問題は無関係ではないとはいえ、三つ目の説明上の機能についてはわずかに述べるにとどめたい。

ケルゼンは、法規範は必然的に体系の中で存在することを正しく認識していた。何ものにも縛られない法規範など存在しない。法律上、遺言書は二人の証人によって証明されなければならないと教えてくれたとして、私としては、そのときにはどの法体系に基づいているのかと訊き返さねばならない。カナダ法なのか、ドイツ法なのか、それとも他の法体系における法律なのか、と。さらに、法体系はそれ自体が階層的な構造で組織化されており、非常に複雑であると同時に、一定の体系的統一性を示している。われわれがカナダ法やドイツ法、その他の法について［個別に］語る理由は、それら別々の法を持つ異なった国だからというだけではない。それらは、一定のまとまりと統一性を示す、別々の法体系だからである。ケルゼンが次の二つの仮定によって捉えようとしたのは、この体系的な統一性のことである。

（１）一つの根本規範から自らの効力を導き出す二つの規範はいかなるものも、同じ法体系に属する。

（２）特定の法体系に属するすべての法規範は、一つの根本規範から自らの効力を導き出す。

この二つの仮定が現実に正しいかどうかは、異論含みである。ジョセフ・ラズは、この二つの仮定はともに、よく言っても不正確なものでしかないと論じた。[8]［(1)について、］二つの法規範が同じ根本規範から効力を導き出したとしても、同じ法体系に属さないことはありうる。たとえば、秩序だった分離独立の場面では、新たな法体系が、他の法体系の法的な権威づけによって作られる。［(2)について も］また、特定の法体系において法的に効力を持つ規範すべてが、同じ根本規範から自らの効力を得ているとは必ずしも言えない。[9]

ケルゼンが法体系の統一性について［理論上の］細部において誤っていたとしても、[10]それは重大なことではない。依然として正しく、そして極めて重要なのは、彼の主たる洞察の方である。法が本質的な点で体系的であることは事実であり、法の効力というアイデアが法の体系的性質に密接に結びついていることもまた事実である。実際、（序論において）法の効力は必然的に時空間的であると注意を促した箇所において、法の効力と法の体系的な性質との間のこの繋がりの一つの側面には触れていた。規範は、特定の体系において法的に効力を持つのであり、特定の場所と時間において効力を発揮する規範システムの一部をなさねばならないのである。[11]

最後に述べた点からはもう一つ、ケルゼンの理論の中心をなす洞察がもたらされる。すなわち、法の効力と「実効性」と呼ばれるものとの関係についての洞察である。後者の実効性は、ケルゼンの著作に現れる専門用語である。規範は、規範と結びついた集団に現実に（一般的に）従われている場合に**実効的**（efficacious）となる。ここから、ケルゼンは次のように述べていた。「ある規範は、それが全体として実効的な諸規範のシステムあるいは秩序に属することを条件としてのみ、法的に効力を持つものと考えられる」、と。[12]ここから、［効力と実効性の］関係は以下のとおりとなる。実効性は、個別の規範が法的な効力を持つための条件ではない。特定の規範は、誰もそれに従わなくても、法的には効力を持つ（たとえば、制定されたばかりの新しい法律を考えよう。誰もそれに従う機会がいまだ存在せずとも、その法律は法的に効力を持つ）。しかし、ある規範が法的に実効的となるのは、ある範囲の集団によって概して現実に実践されている法秩序、すなわち規範システムに属している場合に限られる。ここから、ケルゼンも認めるとおり、法の効力というアイデアは社会的に実践される上記の現実と密接に結びつく。いわば、法制度は社会的現実として——人々が現実にある規範に従うという事実からなる社会的現実として——のみ存在するのである。

では、根本規範はどうだろうか？　実効性は［根本規範が］効力を持つための条件となるのか？　読者としては、ケルゼンは否定的な答えを選んだはずだと思うかもしれない。煎じ詰めれば、根本規範とは、法の効力を認識できるものへと変換するために論理的に必要とされる前提であり、これこそが法の効力について反還元主義的に説明することの要点であるように見えるためだ。すなわち、「である」から「べし」を導き出すことはできないのだから、特定の行為や出来事を法的に意味あるものとして解釈できるようにする、何らかの「べし」が背景に前提されていなければならないのだ、と。しかしケルゼンは明確に、実効性とは根本規範が効力を持つための条件であると認めている。根本規範が法的に効力を持つのは、根本規範が特定の集団において現実に従われている場合であり、その場合に限られる。実際、すぐ下で説明するが、ケルゼンには選択の余地はなかった。まさにこれこそが、彼の反還元主義が、少なくとも一つの重要な側面において不首尾に終わらざるをえない理由なのだ。以下、詳述しよう。

通説的にいえば、根本規範という前提を導くケルゼンの議論は、カント主義的な超越論的議論の形態をとっている[13]。

議論の構造は次のとおりである。

（1）PはQの場合に限り可能である。
（2）Pは可能である（あるいは、Pの可能性がある）。
（3）よって、Qである。

ケルゼンの議論で言えば、Pとは「法規範は「べし」言明である」事実にあたり[14]、Qとは根本規範という前提にあたる。つまり、根本規範にとって必要となる前提は、ある行為や出来事に法的な意味を帰属するための可能性条件から導かれる。法律の創造行為または修正行為としてある行為を解釈するためには、次のことが示されねばならない。すなわち、当該行為・事象の持つ重要な法的な意義が、別の法規範によって付与されていることである。これまでに述べてきたように、法創造行為へと重要な効力を与える法規範は、ある地点で必然的に尽きてしまうが、この地点でこそ法の効力は前提とされねばならない。この前提の内容が根本規範である。

私の見るところでは、カントの超越論的議論の論理に、ケルゼンの議論の説明を探し求めるのは間違いである。第一に、カントが超越論的な議論を用いたのは、おそらくは、合理的な認識に欠かせない諸々のカテゴリーや認識様式にとって必要な前提を確立するためのものであった。諸々のカテゴリーや認識様式は、人間存在の認識にとって、深く、普遍的で、欠かすことのできない特徴をなしている。超越論的議論によってカントが答えようとしたのは、ヒュームの知識に対する懐疑論であったことを思い起こせばよい。しかしケルゼンは、カントの理性主義というよりはヒュームの懐疑論に近い立場にとどまっていたし、とりわけ道徳の客観的根拠に対しては、カントの道徳理論を含めて、極めて懐疑的であった。ケルゼンの道徳についての見解は、どこまでも相対主義だった（この点については後述する）。上述の点とも無関係ではないが、第二に、これから見ていくように、（法や他の規範的分野における）根本規範が人間存在の認識に必要な特徴やカテゴリーのようなものであるというアイデアを、ケルゼンは明らかに拒絶していた。根本規範を前提とすることは選択肢の一つなのであり、誰しもが法の規範性を受け入れずともよい。無政府主義は法の規範的な効力を否定するが、これもまた選択肢の一つであることは確かなのである。ケルゼンはこの立場を崩さなかった。根本規範は「べし」――すなわち、規範的な効力であるところの、法の「べし」――を受け入れる者にとってのみ前提となるが、この態度が誰に対しても理性的に強制されるわけではない。

純粋法学は、実定法を客観的に有効な規範秩序として記述し、この解釈が根本規範を前提とする条件の下でのみ可能であるとする（中略）。純粋法学は、この解釈が一つの解釈であって、必然的解釈ではないことを承認し、実定法の客観的効力を限定付きのもの、すなわち根本規範という限定のついたものとして記述する。(15)

ここで、ケルゼン本人が提示した宗教との比較が役に立つかもしれない。ケルゼンの主張によれば、宗教的な信念の規範的構造は、法の規範性の構造と極めて類似している。その構造は［以下のとおり］同じ論理を持つ。信仰者がなすべきことについての宗教的な信念は、究極的には神の命令についての人の信念から導き出される。しかし神の命令は、「人は神の命令に従うべきである」という、それぞれが信じる宗教の根本規範を前提とする信仰者にとってのみ、規範的な効力を有する。したがって、宗教の規範性は、法の規範性と同様に根本規範を前提とする。とはいえ［宗教と法の］どちらの場合も、そして実際には他の規範システムと同じように、根本規範の前提が論理的に求められるのは、そこ［＝行為との関連］において意義ある規範を自分の行為理由とみなす人々に対してのみである。ここから、［自らがなすべきことと結びついた］意義ある根本規範を現に前提とするかどうかは選択の問題である。いわばイデオロギーに基づく選択であり、理性によって指示される類のものではないのだ。同じように、根本規範を前提とした法の規範性も、選択の問題である。「たとえば無政府主義者たちは、実定法を仮定的な根本規範の効力を否定するものたちであるが、（中略）人々の関係を実定的に規制することを（中略）単なる力関係と捉えるだろう[16]」。

当たり前だが、相対主義には代償がついてまわる。ここまでのところでは、根本規範の内容を決めるものが何なのかという問題について、まだ何も論じていない。実定法を規範的な法秩序として認識できるようにするために、前提とすることが要される根本規範の内容とは何か？　シンプルに答えるなら、ここで前提とされているのは、まさしく**実定法**（positive law）――一定の集団によって実践されている法――の規範的な効力となる。根本規範の効力は、すでに軽く触れたように、「実効性」を条件としている。特定の法体系においてはどこであれ、その根本規範の内容は、［同規範と］関連する共同体において現に通用している実践により決定される。ケルゼン自身が繰り返し述べていたように、革命が果たされれば根本規範の内容も根底から変化をこうむる。たとえば、レックスⅠ世が制定した憲法には拘束力があるという根本規範を持つ、特定の法体系を考えてみよう。そしてある時クーデターが起こり、共和制政府が成立したとする。このとき、「新たな根本規範は前提されるのであり、もはや君主に法律制定の権威を委ねる根本規範ではなく、革命政府に権威を委ねる根本規範が前提とされる」とケルゼンは認めている(17)。

「である」から「べし」を導き出すことを禁じるヒュームの法則を忠実に守っていたにもかかわらず、ここでケルゼンはヒュームの法則を破ったのだろうか？　ケルゼンも自分の立場が大いに問題含みだと認識していたという印象を受ける。『純粋法学』初版でも第二版でも、ケルゼンは個別の法体系における根本規範の変化というのも、法的には国際公法の根本規範から導かれる、と軽く扱っていた。しかし、この結果としてケルゼンは、全世界にはただ一つの根本規範しかない――つまり国際公法の根本規範である――というなんとも座りの悪い結論に陥った(18)。この問題を傍においたとしても、主たる懸念は別にある。［つまり］この懸念というのは、特定の規範的分野に関して心から相対主義をとる者と反還元主義をとる者とを両立させるのは、不可能ではないにしても、非常に困難であるという事実に根ざしている。あるタイプの規範の効力が、一定の観点から見れば完全に相対的なものであるという見解を持っている場合――つまり、ここに含まれているのは人々の実際の行為、信念・前提、態度だけであるとする場合――、その規範性の説明を、［規範性と］関連する視点を構成する事実（人々の行為、信念、態度などに関する事実）から切り離すことは非常に困難になる。先ほど、根本規範の効力はその実効性を条件とすることをケルゼンは認めざるをえないと言及したのは、この意味においてである。ケルゼンの構想に根ざした規範的相対主義により、彼は根本規範の内容を、その内容を構成する社会的事実——問題となっている集団が抱く行為、信念、態度に関する事実——に基礎づけざるをえない。このため、還元主義が回避できるかは極めて怪しくなる。実際、ここでのケルゼンの提案は、法の効力の概念を、ある社会的事実の集合——任意の根本規範の内容を構成する事実——で還元的に説明しようという促しであった。

この結論に対しては異論があるかもしれない。規範的相対主義のすべての形態が還元的説明を伴うわけではない、と。この反論は正しい。相対主義のすべての形態が還元主義を伴うわけではない。たとえば行為の道徳的理由について非還元的な見解を持ちつつも、そうした道徳的理由についてある程度の相対主義を許容することは可能である。具体的には、行為をなす道徳的理由には、偶発的な条件（たとえば友情を気に掛ける理由は、われわれの心理的構造や一定の社会的現実に左右される）や認識上の制約（たとえば行為の理由そのものであったり、その理由を構成する事実を理解できる立場に置かれていない場合には、人はしかるべく行為する理由を持たないであろう）、あるいはそうした諸々の要因に相対的な理由もあると認めうるかもしれない。しかし還元主義を避けるためには、偶発的な状況に左右されてしまう理由の相対性をある程度は制限する必要があるし、極めて重要なのは、そうした理由の相対性を、偶発的な事実に相対的ではない理論上の要素によって説明がつく状態に置く必要があるということである。仮に規範的な説明における要素すべてが、理由を構成する事実に相対的である場合には、それらの事実が［還元的に］求められる説明をすべて与えてくれる。言い換えれば、相対主義的な立場は、事実それ自体によって、還元主義的な立場にもなってしまう。(19)

いくつかの点を明確にしておこう。ケルゼンの陥った問題は、道徳、宗教、その他あらゆる規範システムに対して、彼が相対主義に立っていた事実によるものではない。還元という問題について重要なのは、彼の相対主義の及ぶ範囲ではない。問題は、ケルゼン［の相対主義的見解］が、法について正しかった事実による。法の効力は、それぞれの法秩序における根本規範の内容を構成する社会的事実に対し、**本質的な意味**で相関する。冒頭から述べてきたように法の効力は、常に、時と場所に相関するのだ。今やこの理由は明らかとなる。法の効力は、特定の社会において実際に守られている根本規範の内容によって決まる、というのがその理由だ。たとえばイギリスの法律はアメリカの法律とは区別されるが、この理由は、（裁判官やその他の公務員が大部分をなす）一群の人々が、それぞれの法域で法とみなされるものについての別々の規則、すなわち別々の根本規範へと、**現実に従っている**（actually follow）ことにある。ケルゼン自身が認めているように、根本規範の内容が実践によって十全に決定されると認めてしまうと、ケルゼンによる法の効力の説明がどのようにして非還元的な説明となるのか、非常に理解しがたいものとなる。

ここで、法の効力の概念と法の規範性の概念との区別に戻るべきであろう。ケルゼンのいう根本規範は、［効力と規範性］これらの概念をともに説明しようとするものの、これらの概念についてのケルゼンの理論からは、それぞれ別の帰結を引き出すことも大いにありうる。本章のここまでの議論では、法の効力の概念を説明しようとする際に、ケルゼンの理論は還元的な説明を避けえなかったことを示してきた。特定の法秩序において法的に効力を持つ規範は、その［法秩序における］根本規範から導き出されるが、その根本規範の内容は社会的実践によって十全に決定される。このため、ケルゼン自身の説明から、規範の持つ法的な効力を決定する条件が、人々の行為、信念、態度にかんする事実――すなわち、ある特定の法制度の根本規範が何であるかを形作る事実――であると明らかになる。

しかし、ここから直ちに、法の規範性をどのように理解するかが帰結するわけではない。そして法の規範性に関するケルゼンの見解は、極めて興味深いものである。

まず確認すべき極めて重要な点は、ケルゼンにとって規範性のアイデアは、いわば真正の「べし」と同等のものだということである。真正の「べし」とは、実践的熟慮に対する正当な要求を指す。行為者によって一定の内容が規範的であるとみなされるのは、行為者がその内容を、有効な（妥当する）行為理由の一つとみなしている場合でありかつその場合に限られる。この点においてケルゼン［の見解］は、自然法［論］の伝統と基本的に一致している。このことに気づいた点で、ジョセフ・ラズは正しかった。ケルゼンも自然法論者も、有効な（妥当する）行為理由（群）という観点から道徳や宗教の規範性を説明するようにしか、法の規範性もまた説明しえないと考えている[20]。しかしそうはいってもケルゼンにとって問題だったのは、法の規範性と道徳の規範性との違いをどのように説明すべきかであった[21]。法の「べし」が真正の「べし」ならば、何によって法の責務は、道徳の責務と区別されるのか？　ケルゼンの答えは、［各規範領域との関連で］意義ある「べし」は、常に、特定の視点に相対的であるというものだった。それぞれのタイプの「べし」——宗教的なものであれ、道徳的なものであれ、法律的なものであれ——は、一定の視点を前提としなければならない。その視点は、［各規範領域と］関連する規範システムが持つ根本規範により形作られるのである。

言い換えれば、法の規範性についてのケルゼンの構想は、一定の視点によって完全に相対化された、自然法の一形態であることが明らかとなる。しかしケルゼンの理論では、重要な視点というのは明らかに法的な構想であり、道徳や理性の一般的な構想ではない。［法と道徳という］両者の根本規範や両者の視点が別々であることは、次のケルゼンの一節によく表れている。「無政府主義者も、法律家としては、実定法を（その法に全然賛成しないままに）、有効な法秩序として記述することができる」[22]。無政府主義者は、何が正しくて何が間違っているかについての自身の道徳的見解を反映させた視点として、法の視点を是認しているわけではない。ここで無政府主義とは、法の規範的な効力を拒絶する立場と考えられるが、しかし無政府主義者であっても、あれこれさまざまな文脈で法が何を要求しているかについて議論することはでき、こうした議論をする場面では法の視点を前提とせねばならない。すなわち、あたかも［文脈と］関連する法体系の根本規範を是認している**かのように**、議論をせねばならないのである。この種の発言を、ジョセフ・ラズは「分離された［超然たる］規範的な言明」と呼ぶ。無政府主義者は、実際には根本規範を是認することなく、しかしあたかも根本規範を是認する**かのように**議論をする。別の例として、ラズは次のような例を挙げている。カトリックの司祭がユダヤ法の専門家でもある場合を考えてみよう。司祭は、あれこれさまざまな文脈においてユダヤ法が何を要求しているかについて、多角的な議論ができる。このような場合、司祭はユダヤ法の根本規範を是認しているかのように議論せねばならないが、もちろん、カトリック教徒である司祭は、本当にはユダヤ法の根本規範を是認していない。ユダヤ法の根本規範は、何が正しくて何が間違っているかについての司祭自身の見解に反映されてはいないのである[23]。

ここまでの検討から浮かび上がるのは、次の事柄である。規範性の概念、つまりそこにおいて規範的な内容が行為の理由に関係することになる規範性の意味というのは、あらゆる分野に共通のものである。何かを規範的なものとみなすということは、それを正当化されたものとすることであり、その当のものは、実践的な熟慮に対する正当な要求とみなされる。しかし違いは、それぞれの視点の違いにある。それぞれの根本規範は、一定の視点を確定する。ここから、規範性は（カントに反して）常に**条件付き**（conditional）命令で構成されることが明らかとなる。根本規範によって決定される、一定の規範的な視点を是認する場合かつその場合に限り、根本規範に連なる各規範はいわゆる理由付与的なものとなる。これ［＝この条件文］によりケルゼンは、道徳の規範性と法の規範性とを混同することなく、規範性の性質について自然法の構想と同じく、「行為の理由としての規範性」と理解し続けることができたのである。言い換えれば、法の規範性と（たとえば）道徳の規範性との違いとは、（規範性の性質それ自体に関する）規範性そのものにおいてではなく、各々の［根本規範によって確定される］観点でのみ異なっているだけである。法の規範性をユニークにしているのは、その視点、すなわち法の視点の持つユニークさなのである。

こうした法のユニークな視点が、道徳へともたらす面倒ごとは無視できる。ある行為をなす道徳的な理由は、道徳領域における根本規範（それがどのようなものであるかはここでは問わない）を是認することをえらんだ人にだけ適用されるとするケルゼンの見解は、多くの哲学者にとっては、どう考えても受け入れがたいことだろう。道徳的命法が条件付きの性質を持つとした点で極めて誤りを含んでいる「かもしれない」。しかし仮にそうだとしても、ケルゼンの見解は法については今でも正しいものでもありうるのであるから、ここで強調すべき問題とは、法の効力に関するケルゼンの説明が結局は還元的であるとわかった上でなお、法の規範性に関する彼の非還元的な説明がうまくいっているのか否かの問題である。

私の見るところでは、ケルゼンが難所に陥ったのは、単に視点への相対性のせいではない。ある視点を**選ぶ**際に、その視点を「理性」や「理由」のような何ものかに基礎づけなかったことに起因する。ケルゼンは、法の視点や特定の根本規範を是認する行為者の選択を基礎づけるものについて、説明することをあえて避けていた。これにより、法の規範性についての最も差し迫った問いを不問に付していたのである。ケルゼンは、法の視点の前提が何によって合理的なものとなるのか、そして法が要求するものが何によって拘束力のある要件としてみなすことを合理的なものとするのかについて、一切説明しなかった(24)。

以上の点をまとめておこう。ここまで目的としてきたのは、法の効力が何から成り立っているのかに関するケルゼン理論が、実際には彼自身の目標に反して還元的な理論となっていることの立証であった。ケルゼンの理論は、法の効力を、〔法規範と〕関連する根本規範の内容を基礎づける社会的事実——人々の行為、信念、態度に関する事実——に還元して説明するよう促す。さらなる試みとして、法の規範性については、ケルゼンによる説明には誤解を招くところがあると示した。規範性は、行為の理由という観点からのみ理解できるようになると考えた点で、ケルゼンは正しかった。しかし、その理由とはどのような種類の理由なのか、また何が理由となるのかという問いの前では、ケルゼンは「これ以上問うなかれ」と促すにとどまる。これらの〔効力と規範性についての〕二点からすると、われわれは最初に掲げた主要な課題にまだ答えていないことになる。その課題とは、還元的な説明である法の効力を説明することと、行為する有効〔妥当〕な理由の観点から与えられなければならない法の規範性を説明することとを、どのように調和させるかという課題である。法的責務が生じるか否かは、行為者が是認するか否かを選択しうる前提に依存するとケルゼンは答えるものの、この答えは、上記の選択を基礎づけ、合理的なものにするのかについての説明なしには、全く不完全なままである。第3章では、ケルゼンの見解の一部をどのように修正することで、上記の説明を完成させうるかを見ていくが、本章の残りの部分では、ケルゼンの反還元主義的な目標の別の側面である、法哲学自体の性質について検討を加える。

二種類の還元

ケルゼンがとった法の効力についての反還元主義が説得力を欠くのは事実だが、［だからといって］ケルゼンによる反還元主義が全面的に誤りに陥っていることにはならない。ある探究対象について還元的に説明する理論と、あるタイプの理論を他のタイプの理論に還元しようと画策する見解とは区別されねばならない。ケルゼンによる法の純粋理論は、なんとかその両方を避けようとしていたわけだが、［本章の］ここまでの議論が正しい場合、ケルゼンは前者に関してしくじったのであり、必ずしも後者において誤りを犯したのではない。法の効力が何から成り立っているのかについて還元的な説明をしたからといって、法の性質についてのあるタイプの理論を何か別のタイプの理論に還元する見解にコミットする必要はないのである。後者のタイプの還元を拒否した点でケルゼンは全く正しかった。以下、このように議論を組み立てていく。

ケルゼンがいくつもの著述の中で繰り返していたように、法律学を社会学へと丸ごと還元することには意味がない。社会学であれ何であれ、法律学を「自然科学」の一形態へと還元しようとする場合、「上記の観点からは、法固有の意味が完全に失われることは確かである。（中略）社会学はひとえに規範的法律学によって定義される法概念に依拠することによってのみ、法現象、特定の共同体の実定法を定義できる。社会学的法学はこの概念を前提する」(25)。

ここで忘れてはならないのは、ケルゼンによれば、法とは基本的に解釈図式であることだ。ここから法理論の主たる課題には、この解釈図式が何で成り立っているのかを説明することが含まれる。この課題の狙いは、［第一に］世界におけるある行為や出来事を法的な意味を持つものとして解釈させるものとは何なのかを説明することであり、そして［第二に］この法的な意味は何から成り立っているのかを説明することである。一つ目の問題は、法の効力の条件についての問いであり、二つ目の問題は、法の規範性の意味についての問いである。とはいえ、いずれも意味の空間にかかわる。つまり、法の性質についての哲学的な説明というのは、ある社会的現実が持つ、集団的で公的な、そしてある程度は客観的な意味についての説明なのである。この点で、法は自然言語に非常によく似ており、法哲学とは、いわばこの［法という言語の］言語哲学になぞらえることができる。したがって、言語哲学を社会学へと還元することに意味がないのと同じように、法哲学を社会学へと還元することにも意味はない。私の確信するところでは、これこそがケルゼンの議論の中でも最も重要な部分である。よって、この議論の細部について説明したい。

少なくとも一九〇〇年代初頭からこの方、法哲学を何らかの科学的タイプの理論へと置き換えることはできるし、置き換えられねばならないとする考えは、主にはアメリカ法律学で（そしてスカンジナビア法学で）くすぶり続けている。ブライアン・ライターが「法律学の自然化」と呼ぶこのトレンドは、二つの異なる仕方で理解することができるものの、ケルゼンによる反論は、当然のことながら、そのうちの一つにしか当てはまらない。この二つを、ここでは［対象についての］**還元‐置換**（reductive-displacement）**理論**および**アジェンダ置換**（agenda-displacement）**理論**と呼ぶこととしよう。［対象についての］還元‐置換理論では、探究対象となる領域や対象そのもの（以下Oとする）を所与とし、それ［＝O］が目下はあるタイプの理論（以下、Aタイプ理論とする）によって説明されているものと解釈した上で、Oについての理論を別タイプの理論（以下、Bタイプ理論とする）へと還元することが目指される。言い換えれば、［対象についての］還元‐置換理論では、OについてのAタイプ理論をBタイプ理論へと置き換えることが目指されるのだ。ケルゼンが、法律学について不可能だと主張したのは、この種の［対象についての］還元的置換である。他方でアジェンダ置換理論では、あるタイプの理論を別のタイプの理論に還元するのではなく、何よりもまず、［Oと］関連する研究アジェンダを転換することを目的としている。この見解では、置換えが必要かの観点から**探究の対象となるもの**（the object of inquiry）が見定められ、あくまでもこの結果として適切とされる理論の種類が見定められる。

私の見るところでは、上記の区別とその意義は、二十世紀初頭の数十年間にわたり力を持ったアメリカ・リアリズム法学をより詳しく調べれば説明できる。ただしここでは、置換理論の一モデルとしてのアメリカ・リアリズム法学に関心の対象を限ることとし、同学派の仔細にわたる歴史のサーベイを行ったり、（実際に数多のヴァージョンが存在したわけだが）同学派の特定のヴァージョンを取り上げて詳細にわたり吟味したりはしない。とはいえ、アメリカ・リアリズム法学はどんなヴァージョンのものであれ、共通して下記の議論枠組みにコミットしていたとは言えよう[26]。

（1）**法とは、究極的には、裁判所が実際になすことである。**

（1a）したがって、法が何であるかを知るには、裁判所が実際に何をなすかを予測できねばならない。

（2）**法規範は、裁判所が実際に（in fact）何をなすかを予測するにあたって十分に確定的な根**

拠を提供しない。

（3）**したがって、判決予測（predictions of judicial decision）をより正確にする、何らかの別のタイプの理論が必要である。**

（3a）上記予測に必要となる理論は、裁判官たちが現に actually どのように判断を下すに至ったのかをたどる科学的理論、すなわち本性上経験的な理論でしかありえない。

（4）**したがって、法律学は、何らかの経験的‐科学的理論に置き換えられねばならない。**

この方法論的論証をどのように理解するかには二つの筋道があり、［二つの分岐は］ほぼ前提（1）をどう理解するかによる。このように主張した点で、ブライアン・ライターは全く正しかった[27]。前提（1）を法の性質についての概念的・哲学的な主張であると理解する場合、前提（1）は明らかな誤りになるし、そこから続く議論全体も一貫しないものとなってしまう。そして、この不首尾を回避するもっとうまい理解の仕方はもちろんある。こう主張した点でも、ライターは正しい。改めて目の前の事態を見てみよう。特定の法域におけるあれこれの具体的紛争について何が現に法律となるのかを知りたいなら、判決内容をよく調べねばならない。こうした見解は、確かにある程度は説得的である。実際、法秩序が法秩序であるためには、その特徴として、特定のケースへと法律がどのように適用されるかを、ある一群の人々が判断することが含まれる。あれこれの特定の事例で、現実の、あるいは真の法律の内容が何であるのかを判断することには意味があるのだから、実際の判決に焦点をあてることそのものが間違いだということにはならない。［しかし］問われるべきは、何のために焦点をあてるのかという点であり、そして裁判官が実際に述べることが**法律**（the law）であると言うことでわれわれが答えているというのは正確にいえばいかなるものなのかという点にこそある。H・L・A・ハートに代表される［リアリズム法学への］批判者たちは、上記議論枠組みに対して直ちに次のように指摘した。法の性質に関する哲学的な問いに対する答えとして理解されるとすれば、上記議論枠組みの前提（1）は無意味となる。ハートによれば、「法とは、一般的には、裁判官が実際に決定するものである」と言っても意味がない。というのも、裁判官としての資格をなす人間の制度的役割は、［当の］法律が**構成する**（constituted）のだから。司法的役割を創設する法律があって初めて、人間は、公的かつ司法的に決定することができるようになる。裁判官らの判断が法的に意味を持ち、法的な影響を与えるものと把握しうるには、いわば数多くの法律が前置されねばならず、また法的な資料として一般的に理解されていなければならない(28)。

こう見ていくと、リアリズム法学者たちは思慮に欠けた間違いを犯しただけではないかと思われても仕方がない。しかし、その間違いの所在は［ハートらが指摘したのとは］別のところにあることもほぼ間違いない。議論枠組みが一貫性を欠くに至ってしまうような法の本質に対する哲学的関心をリアリズム法学者たちに帰することが、そもそも間違っている可能性さえある。言い換えれば、上記議論の前提（1）は、「一般的に、法とは裁判官が実際になすことである」とする（ハートが想定していたと思しき）極めて馬鹿げたテーゼを主張しているものと捉えるべきではないのである。この［前提（1）の］論点は、「法とは何か」という哲学的問いに答えるものというより、特定の研究関心を表明したもの、つまりは判決予測に焦点をあてた研究アジェンダ提案として理解しうる。そして議論枠組みの前提（1）を研究アジェンダの宣言と解釈する場合には、一貫性の欠如は生じなくなるのである。端的にまとめれば、リアリズム法学者たちは法哲学に関心がない。リアリズム法学者たちは、新たな研究アジェンダを設定しようとしていただけなのである。そのアジェンダは、裁判官たちが自身の下す判断にどのようにしてたどり着くのか、そして、何によって将来裁判官たちが下す可能性が高い判断を予測しうるのかに関する問いに答えるにあたり、必要とされる種類の道具立てへと焦点を絞るのだ。一般論として、リアリズム法学者たちが追い求めていた置換理論とは、「対象についての」還元－置換理論ではない。本章でアジェンダ置換理論と呼んできた類の理論なのである。

リアリズム法学者たちのプロジェクトをこう解釈することを支持する証拠はあるのか？　上記の解釈抜きには方法論的論証の前提（2）が意味をなさないことに気づきさえすれば、このことは自明である。前提（2）には、法規範は裁判所が実際に何を行うかを予測するための十分に確定的な根拠を提供しない、とある。リアリズム法学者たちが懸命に示そうとしてきたように、判決は多くの場合、直面する事件の事実に対する裁判官当人の本能的な反応に基づいて下される。その際の法的資料は判断を根拠づけるものというより、判断を合理化するものとして用いられる。しかし、このテーゼが意味をなすのは、法規範が現に何であるのかについての特定の構想を、そして裁判官が自らの決定を下すために依拠することができる根拠として法規範は他の規範とどのように異なるのかについての特定の構想を、われわれがあらかじめ持っている場合に限られる。(29)リアリズム法学者たちが不断に論じてきたように「法規範は判決に対する**十分な**（sufficient）制約を与えない」と主張する場合には、暗黙であれ必然的に、法規範が現に何であるのか、そして審議に対する制約として法規範は他の規範とどのように異なるのかについて、一定程度説明しうるはずであると認識されていなければならない。言い換えれば、前提（2）をとるならば、司法的な意思決定に対する他のタイプのありうる制約と法規範とは区別できねばならないことになる。私の見るところでは、ブライアン・ライターが次のように主張したのは、至極もっともである。すなわち、多かれ少なかれ、リアリズム法学者たちは上記の点に十分に自覚的であったものの、伝統的な法実証主義に類した立場に基づき、法規範とは何であるのか、何が規範を法的なものにするのかという疑問に対して適切な答えが得られるとシンプルに考えていたのだ、と。リアリズム法学者たちは、法の性質についてのこの概念的なテーゼに対抗する説明を提供することには関心がなかった。彼らの関心は単に別の所にあった。

こうして、上記の論点がどのように一般化されるのかが明らかとなる。ケルゼンは「社会学はひとえに規範的法律学によって定義される法概念に依拠することによってのみ、法現象、特定の共同体の実定法を定義できる。社会学的法学はこの概念を前提する」と断言したが、リアリズム法学者たちのケースがこのことを説明してくれる。言い換えればケルゼンは、アメリカ・リアリズム法学者たちが追い求めていた類のアジェンダ置換理論には反対しなかったはずなのだ。もちろん同理論が、法律学を社会学やその他「自然」科学に置き換えようとはしないものとして理解される限りで、ではあるが。さらに言えばケルゼンは、このような方法論的な置換理論が、法源が裁判官や法律家たちの決定に対する他の種類の制約とどのように異なるかを説明しうる何らかの哲学的説明を実際に前提としていることに、同意したはずである。ライターの表現を用いるなら、法律学を自然化することは、そこでの法律学というのが、自然科学へと還元することが試みられている法律学（つまり、法の性質に関する哲学的問題として理解されている法律学）でない限りはうまくいく。法の性質についての哲学的な問いとは、解釈図式についての問いである。その問いは、複雑な社会的現実が持つ集団的な意味と自己理解についての問いである。裁判官がどのように判断を下すかについての科学的関心は、心理学的なものであれ、社会学的なものであれ、その他の方法であれ、価値のあるプロジェクトである。しかし、この〔経験的‐科学的〕プロジェクトは、次のことを説明してくれるプロジェクトではない。すなわち、裁判官の判断が法的な意味において有する司法的役割を構成するものとは何なのか、あるいは、裁判官の判断に影響を与えたり与えなかったりする他の種類の源泉ではなく法規範を構成するものとは何なのか、を説明してくれるプロジェクトではないのである。

原注

（１）　何が還元的説明とみなされるのかに関する構想は、諸分野によって異なりうる。還元的説明の中には時に**意味論的**と呼ばれるものが含まれるが、この説明は、ある理論（Ｔ１）における基本的な語彙が別の理論（Ｔ２）における公理と語彙によって十全に表されるという条件を満たす説明である。この条件が満たされるなら、Ｔ１からＴ２への十全な意味論的還元が成り立つ。（おそらくは次章で述べるジョン・オースティンを除いて）この意味論的な意味での還元について考察した法理論家はほぼ皆無である。法理論にとってより重要なタイプの還元は、**構成的**あるいは**形而上学的**な説明である。形而上学的還元のアイデアとは、他と区別される現象が、実際には別のより基礎的なタイプの現象や事実の集合によって構成され、十全に説明可能であることを証示することにある。哲学者はさらに第三のタイプの還元、あるいは還元に準ずるものとして、付随と呼ばれるものを議論している。ある領域Ｘが領域Ｙに付随するとは、Ｘにおいて観察しうる変化や修正がない場合においてＹにおいて観察しうる変化や修正がない場合かつその場合に限られる。哲学文献においては付随が真正の還元的関係か否かの問題が論じられているが、こうした込み入った問題については、本書ではほぼ無視することとする。

（２）　ケルゼンの純粋法学に関する最重要著作は、一九三四年に出版され、近年 *Introduction to the Problems of Legal Theory* というタイトルで英訳された『純粋法学』（*Pure Theory of Law*）初版と、一九六〇年に出版の『純粋法学』（*Pure Theory of Law*）第二版（大きく加筆されている）である。本章では同書を、それぞれＰＴ１、ＰＴ２と略記する。なお、上記二冊に現れるテーマはほぼ『法と国家の一般理論』（*General Theory of Law and State*）にも出てくる。本章では同書をＧＴと略記する。

ある。

（3） Kelsen's preface, PT1.［邦訳v頁］を見よ。反還元主義は、法理論の純粋性に関してケルゼンが考えたことの核となる諸側面のうち、あくまでも一つである。本章で関心を寄せているのは、この側面のみである。

（4） もちろんこの点こそ、ケルゼンが正しくも法実証主義者とみなされる主たる理由の一つである。

（5） PT1, p. 10.［邦訳：一七―一八頁］

（6） GT, pp. 110-11.［邦訳：一九二―一九五頁］などを参照せよ。

（7） ヒュームによる「である／べし」の誤謬が本当に誤謬であるか否かは、哲学的に異論含みである。現代の哲学者の中には、「である」から「べし」を導き出すことはできないわけではないと疑っている者もいる。本章での私の議論では、この問題に対する特定のスタンスを採るわけではない。議論上、ここではヒュームが正しく、「べし」を「である」から導き出すことはできないと考えるが、以下に述べる見解はどれも、この命題が真であることに依存していない。

（8） Raz, *The Authority of Law*, pp. 127-129.

（9） このことを示す好例として、EUの国々が置かれた現状を挙げうる。EUの国々の間で法的な効力を持つ規範には、EU基本条約やEU法から効力を引き出すものも、個別の法規範における根本規範から効力を引き出すものもある。だからと言って、全EU加盟国において異なる二つの法体系が効力を持つとは言いたくない。つまるところ、法体系が必然的に一つの根本規範の下に包含される、整った階層構造を持つとするケルゼンの想定は、実際のところ間違っているように思われる。

（10） ケルゼンは、ここで二つの問題を混同していた可能性もある。すなわち、法の効力と法体系のメンバーシップという問題である。彼は、この二つの基準が必然的に同じ意味だと想定しているように見える。しかしそうではない。ある特定の規範は、他の法体系に属していても、少なくともある目的あるいは文脈の下では、ある体系において法的に効力を持つことがある。例として、英国法の法域下にある契約でも、フランス契約法に属する規範が適用されることがある。

（11） 確かに、本文のこの記載はややラフな言い方である。ある法律が主張する法域は、必ずしもその法律が実際に有する（デファクトな）法域と同一ではないし、その法域は域外に及ぶ場合もある。このあたりの、複雑だが法の効力が持つ一般的な時空間的側面は、法の本質的側面である。
(12) GT, p. 42.［邦訳：九六頁］
(13) Paulson's introduction to PT1. を見よ。ケルゼンが超越論的議論を支持していたか否かの問題については、彼自身考えを徐々に変えていった、というのが私の見方である。ケルゼン初期の著作ではおそらく彼はそう考えていた。しかしGT出版時、つまり一九四〇年代半ばには、このカント的ヴァージョンの議論を捨てていたように見える。いずれにせよ、本文で指摘したとおり、彼の議論の全体的な文脈において、カント的なヴァージョンは意味をなさない。
(14) ケルゼンは、「べし」文が命題であることを否定していた。つまり、そうした表現は真偽を問えるものではないと考えていた。以下では、ケルゼン理論におけるこの側面はほぼ無視する。この側面は本書の議論に影響を及ぼさない。
(15) PT2, pp. 217–218.［邦訳：二一〇―二一二頁］
(16) GT, p. 413.
(17) PT1, p. 59.［邦訳：一一〇頁］
(18) PT1, pp. 61–62.［邦訳：一一四―一一六頁］において、国家主権が特定の領土への支配の成否によって確定することは、国際法の根本規範から導かれると主張した。したがって、革命が遂げられて起こる根本規範の変化は、国際法のドグマに基づいた法学用語で説明しうる。しかし、この解決策の代償は極めて高くついた。ケルゼンは、個別の法体系はいずれも国際法から法的な効力を得ており、ここから全世界にはただ一つの根本規範―国際公法の根本規範―が存在すると主張せざるをえなかったのだ。この解決策はＰＴ２でも繰り返されているものの（pp. 214–215.［邦訳：二〇八―二〇九頁］）、そこではもっとためらいながら、おそらくは道理に叶う選択肢の一つにすぎないものとして提示した。彼がこの解決策にしがみつくつもりだったのかははっきりしない。その躊躇は理解できる。結局のところ、個別の法体系がいずれも国際法から法的な効力を得ているという考えは、ほとんどの法学者や法制史家にとって、かなり空想的で時代錯誤的なものに思えただろう。そして、世界にはただ一つの根本規範、すなわち国際公法の根本規範が存在するという考え方も、同じくらい信じがたく見えるだろう。

（19）私は、この逆［（＝還元主義ならば相対主義に陥るという見解）］を示唆してはいない。私の見るところでは、マーク・シュローダーはこうした見解に抵抗するうってつけの理由を示している。彼は、構成的還元主義と呼ぶタイプの規範的説明を特定することで、規範性の還元的説明のすべてのタイプが相対主義になるとは限らないことを例証している。シュローダー自身がこう述べているわけではないが、彼のテーゼからすれば十分にそういえそうだ。彼の"Cudworth and Normative Explanations"を参照せよ。

（20）Raz, *The Authority of Law*, pp. 134-137.

（21）ケルゼンはこの問題について極めて敏感であった。法的責務と道徳的責務を混同することこそ、自然法の伝統の主たる欠陥だとケルゼンは考えていた。

（22）PT2, p. 218n.［邦訳：原注八〇］

（23）Raz, *The Authority of Law*, pp. 153-157を参照せよ。

（24）第2章では、ケルゼンが法規範の個別化について、すべての法的規範は最終的に公務員に向けられたものであると主張する、かなり特異な見解を持っていたことを確認する。

（25）GT, p. 175.［邦訳：二八三頁］。「規範的法学」という用語によってケルゼンは、――指令的な意味で規範的だというのではなく――法規範の哲学的な捉え方のことを指していた。

（26）この議論枠組みの基本的な考え方は、オリバー・ウェンデル・ホームズ・ジュニアの著名な講演"The Path of the Law"にすでに存在していた。

（27）このセクションでは、主にライターの論文"Legal Realism"に依拠している。ライターは、著書*Naturalizing Jurisprudence*所収のエッセイ群において、さらに細部にわたり自説を展開している。同書のエッセイの中には、より初期の"Legal Realism"から読み取れるよりも、法律学の「自然化」に対してずっと共感的に見えるものもある。

（28）Hart, *The Concept of Law*, p. 133.［邦訳：二一九頁］（特段の断りのない限り、参照はすべて初版による）。

（29）これもまた、ハートが前注箇所で見てとっていた点である。また、Leiter, "Legal Realism"も参照せよ。

さらなる文献案内

George, *Natural Law Theory*.

Hart, *Essays on Jurisprudence*, chap. 4.

Kelsen, *General Theory of Law and State*.

——, *Pure Theory of Law*.

Llewellyn, *Jurisprudence: Realism in Theory and Practice*.

Raz, *The Authority of Law*, chaps. 3–8, 16.

——, *The Concept of a Legal System*.

第2章　法の基礎にある社会的ルール

H・L・A・ハートの『法の概念』は法哲学への画期をなした著作であるが、この著作にはケルゼンが影響を与えていた。〔ただし、〕たまたま手に取った読者が、この影響を見てとることは難しいかもしれない。『法の概念』はその相当な部分を費やし、ジョン・オースティンの法命令説を詳細に批判しているものの、ケルゼンの著作が言及されることはほとんどない。ハートの法理論は、ケルゼンのこれ以上ない洞察に基づきながらも、重要な側面において修正を加えることで、ケルゼンの理論的基礎を理にかなった結論へと導いている。本章ではこのことを明らかにしたい。とりわけ、ケルゼンが法の効力について非還元的な説明を与え損ねたということは、ハートが慎重にも受け継いだ教えである。ハートの法理論は、徹頭徹尾還元的である。ハートが提示した還元的な説明は、法の効力の説明にとどまらない。法の規範性に関する準社会学的な説明にまで及ぶものである。そのハートについては、オースティンに対して広範かつ批判的に議論の焦点をあてたせいで、オースティンによる法の還元的な定義が根本的に不十分であると考えていたような印象を受ける。この印象は正しいものの、オースティンについてハートが向けた主たる論点は、還元主義それ自体ではない。そうではなく、オースティンによる特定の還元が、誤った構成要素を用いていると示すことへと向けられている。

オースティンが提案したように、社会学的な主権の捉え方へと法を還元しようとするのではなく、ハートは社会的ルールという考えを法の基礎に置く、より微妙な差異がある複雑な描写を提示しているのだ。

本章の歩みは、以下のとおりである。最初のパートでは、オースティンの法理論へのハートによる批判を簡単に紹介する。そこで焦点をあてるのは二つの主要テーマである。すなわち法が命令によって構成されているわけではないことと、法が必ずしも政治的主権者から発されるものではないことだ。二つ目のパートでは、オースティン理論に代わるハートの理論が、根本規範についてのケルゼン理論の還元的ヴァージョンであることを示す。最後に、法の規範性についてのハートの説明にはいくつかの難点があることを指摘するとともに、後に続く章でたどることになる道筋を提案する。

なぜ法は主権者の命令ではないのか？

命令

遡ればトマス・ホッブズの政治哲学に至る法哲学の伝統の中、法は長らく、政治的主権者の道具だとされてきた。［この見解によれば、］法とは、政治的主権者がその臣民の行動を指図するとともに支配する手段である。法をこのように捉えることを時代錯誤だと退けるのは容易い。そこでは、専制君主のごとくに、玉座の上から、これをせよ、あれをするな、と臣民に命令を発する政治的主権者が想定されてはいないだろうか？　間違いなく現代の法システムはもっと複雑であるし、法がそれほどまでに単純であった時代がかつてあったというのも疑わしい。［とはいえ、この捉え方を］低く見積もるのはやめておこう。説得力のある二つの洞察が、法命令説を支えている［ためだ］。第一に、法命令説には、他者の行動を指図するために、ある主体が発する指示や指図から法が成り立っているとする、もっともらしい前提がある。［法命令説によれば］いうまでもなく、人々がなすべきことや振る舞う仕方を指示する文脈はさまざまであるものの、行為ガイドとなる指示を法的なものとするものは、そのガイドが発された起源と機能とに関連しているのだ。すなわち、政治的主権者から発され、主権の行使として機能すると称する場合に、あるガイドは法となるのである。冒頭に挙げた、運転中の携帯電話使用の例を思い出そう。今日のカリフォルニア法では運転中にはハンズフリー装置を使用しなければならないわけだが、これを法としたものは何だっただろうか？　すでに見たように、指図の内容によるのではない。ある指図を法的な規範にするのは、適切な仕方でその要求が発されてきた事実、すなわち上記ケースではカリフォルニア州議会の立法府から要求が発されてきた事実である。おそらくそれがすべてなのかもしれない。すなわち、政治的主権者の指示や命令こそ、われわれが法と呼ぶ当のものなのである。

以上が、苦心してオースティンが明らかにしようとした基礎的な洞察である[1]。この洞察は、二つの要素からなる。すなわち、法はいかなる場合でも命令の形をとり、必ず政治的主権者にその起源を持つということである。ハートは、これら要素の双方が持つ困難を見出した。命令によって成り立っていると言えるのは法のごく一部にすぎないし、より深刻なのは、当の主権という考えや概念が法的なものであるために、政治的主権者という語彙では法源を明らかにすることができないことである。部分的にせよ、主権者をどう捉えるかは法によって構成される。つまり、法は主権者に還元されないのだ。以後、これら二つのポイントについて、順に取り上げることとしよう。

オースティンによれば、法規範はどんなものであれ命令であり、つまりは、他者に対してある仕方で振る舞うように、ある人（あるいは複数の人々）が願ったことの現れである。そして、この命令は「これこれせよ、さもなくば……」との制裁の脅しによって支えられている、とする。［これに対し、］ほとんどの法は「これこれせよ、さもなくば……」の形に当てはまらないことを、ハートは『法の概念』第3章において詳述した。法の「これこれせよ、さもなくば……」モデルには、相互に関連した、二つの主たる問題がある。一つには、法というものは責務（これこれせよ／するな……）を課するものだという前提であり、今一つには、いかなる法規範も制裁の脅し（さもなくば……）に裏づけられたものだという前提である。もちろん、これら二つの側面は、相互に結びつくことで命令という考えを作りだす点において、密接に関連している。

ハートも、この種の構造に当てはまる法が存在することは認めている。明らかに当てはまる例として、刑法の主要条項がある。そこでは、刑罰の脅しに裏づけられる形で、ある態様の行動をしないよう責務が課されている。しかしそうではない法がほとんどであると指摘した点で、ハートは正しい。ほぼすべての法は、責務を課すものではないのである。(2) 法が**法的権能**（legal power）を付与するというよくある例を考えてみよう。それらの法は、ある行為者が、現に通用している既存の規範的関係へと変化を及ぼす方法を規定する。(3) たとえば、契約の締結を考えてみよう。申込みとその承諾により契約は成立するが、法は何をもって申込みが構成されるか、その承諾が構成されるかを決定し、その上で多種多様な契約関係が成立することに伴う法的問題をも確定する。法的拘束力のある契約がいかに締結されるのかを決する上記の法は、「これこれをせよ、さもなくば……」構造で作られてはいない。つまり、この法は誰かに対して契約締結を強いるものではないし、申込みや承諾を強いるものでもないのだ。こうした規範の構造は、概して条件的である。すなわち、**仮に**法的に拘束力ある契約を締結したい場合には、**その方法**はこれこれだ、というものである。しかし繰り返しになるが、「法が存在しても」法的な申し出やその承諾をなさねばならないわけではない。言い換えれば、ここでの法とはいかなる責務も課すものではない。ここでの法は権能を付与する。すなわち、法的に承認されるだろう権利・義務のセットを、新たに作りだす権能を付与するのである。

しかしハートも認めているように、オースティンがこの問題に無自覚だったわけではない。自覚しながらもオースティンは、「これこれをせよ、さもなくば……」モデルが、しばしば間接的でしかないとしても、すべての法へと適用されると主張していたのである。たとえば契約締結方法を規定する法は、要するに、契約主体に以下のことを指示することになる。すなわち、「これこれのことをせよ……さもなくば法的に拘束力のある契約締結は期待はずれに終わる」のだ、と。確かに、違反への直接的な制裁は、ここには現れていない。しかし、上記の意味での「さもなくば」はある。すなわち、成し遂げたかった結果を法的に実現し損なうのである。ここでの制裁とは、いわば行為が**法的に無効**となることなのだ。オースティンによる以上の解決について、ハートは全く適切ではないと捉えていたわけだが、それには主に次の二つの理由があった。

第一に、ハートの見るところでは、「これこれせよ、さもなくば……」と指示する規範と、契約をなす権能を付与するような新たな規範的関係を創造する仕方を構成し、決定する規範とは、概念的に区別される点が挙げられる。前者のケースでは、行為要求と、要求に従って行為し損ねた場合に適用されることになる制約要素との間には明らかな区別があり、制約要素がなくとも行為要求を理解することが十分にできる。しかし、後者のケースではこの区別ができない。有効な契約とみなされる行為を決定するルールは、次の前提の下でのみ意味を持つ。すなわち、そのルールに従うことなしには、有効な契約を締結していないことになってしまう、という前提である。端的に言って、行為要求とそれへの違反の結果として行為が法的に無効となることとは分離することができないのである(4)。

第二に、オースティンは「これこれせよ、さもなくば……」モデルに固執する応答のせいで、盗みや殺人を抑止するような責務を賦課しようとするルールと、権能付与ルールとの間の重要な違いを見逃してしまった点が挙げられる。主として権能付与ルールは、間接的にせよ遠回しにせよ、責務を課するのではない形で機能する。人々にあれこれせよと指示するのではなく法は端的にサービスを提供する役割を担うのである(5)。しかしそうなると、ここでいうサービスとはどのようなものか、法が持つ強制力を用いて権利を保護することとは異なるのか、との疑問が浮かぶこととなる。

次のように考えてみよう。取引に入る当事者は、互いに交わした約束が法的に見て契約として認められるか否かを、どうして気にするのか？　その答えとしては、何かまずい事態に陥った場合に、強制力のある法的サービスを自由に使えるようにしておきたい、という理由が実にもっともらしい。そしてこの答えこそ、まさにケルゼンが考えていたことである。オースティンの命令モデルが法を単純化しすぎており、法において権能付与規範が担う主たる役割を見落としたとする点で、ケルゼンはハートと見解を共にする。ただしケルゼンは、実力を用いて行動を強いるという法的強制メカニズムこそ、社会統制のための道具立ての中でも法をユニークなものとすると考えた点で、オースティンと見解を共にしてしまっていた。この結果、ケルゼンは、あらゆる法規範が究極的には公務員にあてられており、特定の条件が満たされれば実力を用いるように指示する、という極めて反直観的な分析へと導かれてしまったのである。ケルゼンによる法のこの捉え方によれば、契約として認められる約束を決定する規範や、殺人やその他の犯罪を禁止する規範など、個人に向けられた法規範として通常考えられている規範というのは、実際には、法の断片にすぎない。つまり、そうした規範とは、公務員に対していつ実力の行使が命じられるのかを決定する一連の条件のうちの部分にすぎない、というのである。どんな法も公務員に対する指示であり、「もしも条件C_1、C_2、……C_nが満たされる場合には、結果Xを実現させるべく、Yに対して実力を行使せよ」という形態をとる。ここからケルゼンは、基本的に法とは命令あるいは指示なのだが、特定の行動を強いるべく実力を行使するもの（公務員）へと向けられた命令だとした点において、オースティンと見解を共にしているように思われるのだ。(6)

すぐわかるように、法規範についてのケルゼンの分析の穴を突くのは、ハートにとっては容易であった。つまり、ケルゼンの分析は、法規範の大部分が主として担っているのは法における主体の行動を現実にガイドする機能であるという要点を見落としてしまっている、というのだ。ハートの指摘によれば、法とは主体がある仕方で行動する理由を与えるのであり、公務員に対して行動を強いる実力の行使場面を指示するものではない。ハートは、税と罰金の違いにより、この要点を例証している。いずれのケースにおいても、関連する公務員に向けられた指示は同一である。すなわち、「もしも条件C_1、C_2、……C_nが満たされる場合には、YからXドルを徴収せよ」というものだ。しかし、［税と罰金との間には］決定的な違いがある。法が罰金というペナルティを科す場合、問題となっているあるタイプの行動をやめさせることが主として目指されているのである。だから罰金が科されるのは、何であれ人々に罰金を科されるような行為をやめさせるという、上記の主たる目的が達成されなかった場合に限られる。これと反対に、税は概して、課税される人に特定のタイプの行動をやめさせるための手段ではない。所得税は、収入を得る活動から人々を遠ざけることを指示することを目指してはいないし、むしろ事態は全く逆である。ここからハートは、公務員に向けられた指示という観点からケルゼンが法規範を分析したことは、大部分の法が主として果たす行為ガイド機能を全く見逃しているために、明らかに間違っていると結論づけた(7)。

ここで一旦立ち止まり、法規範の本性にかんする上記論争において正確には何について争われていたのかを確認することは有益である。争われていたのは、一つの論点にとどまらない。少なくとも三つの異なる問いが、オースティン、ケルゼン、ハート間の論争においては絡み合っていたのである。一つの側面においては、この論争は社会において法が担う主たる諸機能をめぐってなされたものであり、さらにそれら諸機能がいかに制裁を賦課する法の権能や実力の行使と緊密に結びついているかにかかわっている。また別の側面においては、この論争は、法が本質的にある者から別のものへと向けられた指示であるのか否かの問いをめぐってなされたものでもある。最後に、最も小さな側面ではあるが、この論争はあらゆる法規範が単一の一般的形式へと還元しうるか否かの問いをめぐってなされたものでもある。

最後の側面について言えば、ハートが正しかったことは疑いない。法が基本的には「これこれをせよ……さもなくば」形式を持つ命令だとするオースティンの前提も、実力をいつ、どのように行使するかを公務員に指示するリストとして法を見るケルゼンの提案も、ともに過度な単純化の誤りに陥っている（ハートの言葉を借りていえば、統一性の代償としての歪みである(8)）。発達した法システムには例外なく複数の異なるタイプの規範が含まれるのであるから、それらが一つの基礎的モデルへと還元できると仮定すべき理由はない。しかし、上で挙げた一つ目の側面と二つ目の側面については、事態はより込み入っている。一つ目の側面にある制裁という観念について考えてみよう。これについては、違反に制裁を科す法の権能と、社会における法の主たる機能との間には密接な関連があるとする点で、オースティンもケルゼンも見解を共にしている。法に適った行動を強いるべく実力を行使するという要素こそ、規範的システムの中でも法をユニークなものにすると捉える見解で、彼らは一致しているのだ。社会における法の主たる機能は実力行使を独占することにある、と明確にケルゼンは述べている。(9) それにとどまらずケルゼンは、私の見るところでは、オースティンと同様に、法は政治的主権者の道具だという見解をとっていたものと思われる。ホッブズに端を発する政治思想の長きにわたる伝統に、この見解が属していることは疑いない。その伝統においては、社会を平和な状態に戻すとともに、個人が平和的に共存できるようにすべく、実力の行使は独占されるとの観点から、政治的主権者の主たる根拠が注目されてきた。ハート『法の概念』における議論のかなりの部分は法哲学におけるこのホッブズ主義的伝統への挑戦として意図されている。挑戦は二つからなる。一つは、法規範の多様性と法規範が果たすそれぞれの社会的機能についてのものであり、もう一つは簡単に上述したとおり、法哲学におけるホッブズ主義的伝統が作り上げてきた、法と政治的主権者との強固な結びつきについてのものである。［ハートによる］これらの挑戦は極めて重要ではあるが、私の見るところでは、いずれも完全には成功していない。これについては後述することとし、まずは社会において法が果たす機能を理解しようとする際、制裁がいかなる役割を担うのかについて考えてみよう。その後、法が政治的主権者の道具であるとする考え方に対し、ハートがいかに挑戦したかを論じていきたい。

さて、ハートの主張によれば、法と実力の行使において制裁が担う役割は、オースティンとケルゼンによって大幅に誇張されている。さまざまなタイプの法規範と法制度がそれぞれ果たしている役割により精緻に注意を払うならば、法がその諸機能を果たす上で制裁の要素が必須ではないことがわかる、というのである。この論争を誤解しないよう留意しよう。ハートの指摘の主眼は、人間本性にかんするものではない。つまり、大抵の人が本質的に法を守る存在であるか否か、制裁の脅しがなくとも通常は法に従うか否かという問いにはかかわらないのである。もちろんハートの考えとしては、事実として、文明化された法システムのうちに住まう人々の大半は、正しい行いをするために、法が要求することを知りたがるであろうし、それゆえ制裁の脅しは伝統的なホッブズ主義が考えるほど重要ではない、と考えてもいた。しかし、これは主要な論争点ではない。主たる問いは、法哲学のより核心に近いところにかかわる。すなわち、法が解決すべき問題あるいは応答すべきニーズはどのような種類のものなのか、そしてそれらの問題とニーズとは、ホッブズ主義的伝統が考えてきたほどに、法の強制的な側面と密接に結びついたものなのか、という問いである。言い換えれば、実力という要素が、社会における生活の中で、法が提供する機能にとってどのくらい中心的なものなのか、という問いなのである。この点につきジョセフ・ラズはハートの立場を擁護しているが、そこで提示された議論がここで役に立つことになる(10)。

ラズが求める思考実験は次のとおり、「制裁の要素が何ら求められない世界を想像してみよう」というものである。そこで仮定されるのはいわば「天使」たちの社会であり、その社会は、以下に挙げる点で異なる以外は、現実の社会と何も変わるところのない社会なのである。すなわち、現実の社会では［法規範への］違反に対する制裁の脅しをなすことが法には求められるわけだが、そのような状況がいささかも天使たちの社会では通用していない。さて、そんな社会で重要となるのは次の問いである。この天使たちの社会では、現実の社会で**法**と呼ばれる類の制度と似たさまざまな諸制度は必要とされるだろうか？　この問いに肯定的に答える場合、法の機能は、ホッブズ主義的伝統が主張してきた法的制裁の要素とはあまり関連がないと結論づけねばならない。ラズの答えも実際、天使たちでさえも必要とする制度は数多くあり、その制度はごく身近に法と呼ばれる類の諸制度とよく似ている、というものである。たとえば、大規模な調整問題への規範的な解決策は、天使たちも必要とするはずである。理にかなった天使たちが意見を異にしつつも、集合的決定が避けられない局面では、決定メカニズムを必要とするはずである。そうした事柄についての個人間の意見の対立を解消するメカニズムも必要とされるし、紛争状況にあって関連する事実を決定することを委ねられた制度も必要とされるだろう……といった具合である。(11) こうしてラズは、ハートとともに、次のように結論づける。すなわち、法に適った行動を強いるべく実力を行使する権能といった法の強制的要素は、人々が考えがちなほどには、大して重要ではない。実力の行使の必要がない場面であっても、法制度と法規範が満たすニーズと役割は数多くある、というのである。

以上の思考実験に、私としては完全に納得しているわけではない。結論は一般的には正しいと思われるものの、ラズの議論は法の持つ強制的要素の価値を低く見積もっている。近年、経済学および認知心理学分野におけるゲーム理論の研究が進んだことで、次のような状況が無数に存在することが明らかになってきた。つまり、合理的な人々もまた、共通の利益に反するのみならず自己利益に反して行為してしまう、非常に強いインセンティブを持つような状況である。多種多様な法的手続きに現れているとおり、個々人が、協力行動から離脱したり、長期的な自己利益の追求に反した行為に駆られたりしてしまう、初期のインセンティブを、法は乗り越えさせる。これによって、上記の問題を解消することこそ、法の主たる機能の一つなのである。(12) 法は、その違反に対して制裁が科されると脅すことによって、関係する当事者に、一般的には各人の最善の利益へと至る形で協力的に行動させる

（合理的なインセンティブからすればその反対の行動に至ってしまうにもかかわらず）というサービスを提供するのである。一つの例として、税のケースを考えてみよう。税を納めるということは、税なしには不可能であった重要なサービスや財の生産を可能にすることであり、共通の利益のみならず、納税者自身の利益に適う。しかし、これから納税を行う者一人一人は、納税から逃れようとする強固かつ合理的インセンティブを持つ。各人の観点からすれば、自身は税を納めることなく、他の納税者が税を納めることによってこそ、自身にとって最善の結果が実現するためである。さらに、納税を行う者たちは誰もが、自身と他者におけるこの事態に通じている。そのため、他の納税者たちも税から逃れようとする強固なインセンティブを持っているとおそれることで、納税者全員の納税インセンティブは大幅に消え去ってしまうのである。制裁の脅しとともに納税を全員に強いることで、法は合理的な自己利益の達成を保証するのである。

上記の事柄に関して極めて曖昧なのが、ラズの思考実験の問題である。思考実験のもたらす結果は、天使たちの合理性をどう定義するか次第となってしまうためだ。現実のわれわれに起こる類の合理性の失敗に影響される仕方で天使たちの合理性が定義される場合には、天使たちの社会における**法**も一定の制裁の要素を含む必要があるとの帰結に至る。［だが］そうではなく、そのような失敗の余地がない形で天使たちの合理性が定義される場合には、上記の思考実験から得られる知見がどれほど価値のあるものかが見えづらくなってしまう。われわれの世界からかけ離れてしまった完全に合理的な天使たちの世界は、社会において法が果たす機能について意味のある帰結を何ら支えてくれないのである。本章が目指す結論としては、法における制裁の要素については、オースティン‐ケルゼンの見解とハート‐ラズの見解との間のどこかにこそ真実がある、というものである。ハート‐ラズの見解は、法に適う行動を強いるべく実力を行使する法の権能を、社会における法の主たる機能と強く結びつけてしまうことを誤りとする点において、間違いなく正しい。しかし、この誤りを過度に強調することにも慎重でなければならない。解消すべき類の問題を現に解消するにあたって、すべてではないにせよ数多くの法の果たす機能が可能となっているのは、人々のインセンティブを変えるとともに、制裁の脅しによって行動を強いる法の権能によるのである。

主権者

オースティンによれば、規範的指示を他ならぬ法的な指示とするのは、何よりもまず、指示の起源にこそある。命令なり指示が政治的主権者によって発される場合かつその場合に限り、その命令や指示は法的なものとなる。オースティンの法理論は無条件に還元的な理論であるため、主権者を非法的な語彙で定義する必要があった。何であれ、より基礎的でより事実に即した語彙で法を説明しようとするのが、オースティンの法理論の主眼にある。非規範的な事実へと法を還元しようとすることこそ、オースティンの法理論が法実証主義の典型たる所以なのだ。こうしてオースティンは政治的主権を社会学的な語彙で定義した。ここで社会学的な語彙というのは、服従の習慣についての社会的事実からなるものである。すなわち、ある人やそのグループが一定の集団から**習慣的に服従される**（habitually obeyed）とともに、他の何者にも服従する習慣を持たない場合、その人やグループは政治的主権者と定義されることとなる(13)。

［この定義に対しては］服従という観念こそまさに規範的なものではないか、との反論が直ちに思いつく。つまり、あるものが誰かに**従う**（obeys）というのは、従われている人が規範的な地位を有し

ているとか、その状況下で他者にあれこれ指示する権威を有していることを典型的に示唆するはずではないか、と。しかし心配には及ばない。あるものが誰かに指示されたことをなす状況を記述するのに「服従」という語を使っても、何ら問題はない。階層的関係や権威関係が何ら存在しない場面でも、上記の状況は「服従」である。「服従」の語は純粋に事実的な（つまり、非規範的な）語彙として用いうるのであり、オースティンが意図していたのはこうした語の用い方であった。(14)

服従の習慣により主権者を特徴づけることへの上記反論とは異なる異論を、ハートは提示した。ハートが明らかにしたようとしたのは、主権者の観念こそ本質的に法的なものであるということである。(15)法の基礎に主権があるのではない。なぜなら、主権が何であるか、特定の主権者として特定の集団の中で認められるのは誰かを定めるのは法であるためである。ここでハートの議論を詳述しはしないものの、議論の背後にある基礎的な直観を説明するのは難しくはない。法を、「リーダーが指示した行動は、何であれ実行される」という基礎的ルールをただ一つ持つゲームのようなものだと考えてみよう。このゲームが、特定の人物、たとえばXというたまたまリーダーである者が命じたことから成り立っているとするのは、筋が通っているだろうか？　いうまでもなく、リーダーの役割を持つXが指示した行動からこのゲームは成り立っている、とするのがより適切な記述である。そうなると、このゲームでXの命令が持つ重要性をその命令［それ自体］に帰するより前にまず必要となるのは、リーダーの役割を構成する諸ルールであり、さらにXがいかにしてリーダーとなるかを決定するルールである。私の見るところでは、以上が、ハートがオースティンの法理論に異論を提起した背後にある基礎的な議論である。

ここでゲームと［法とを］類比させたのは偶然ではない。他ならぬハート自身がよく用いていた類比であり、それ相応の理由がある。ゲームをプレイする実践において、ルールが［ゲーム］構成的という意味で基礎的な地位を占めることは明らかだから、というのがその理由だ。概してゲームにはプレイヤーがなすべきこと、言い換えればすべきこととそうでないことについてのルールがあるが、これは問題の一部にすぎない。ルール［一般］がもつこの規制的機能に加えて、ゲームのルールはそのゲームが何であるかを構成するとともに、ゲームへの参加者がもつさまざまな役割をも構成するのである。少なくともこの側面において、法はゲームによく似ている。法的な指示や命令を発したといえるにはそれに先立ち、発出者の役割を構成し、［その結果として］法において発出の意義を持つこととなる特定の指し手を創出するルール群が、まずはなければならないのだ。

しかし、果たしてオースティンから異議が出るのか、訝しがる人もいるかもしれない。要するにオースティンの主張は、特定の集団において服従の習慣が通用していることで主権が構成されるとするものであり、Xに服従する習慣を持つ一定の集団が存在し、X自身は他の誰にも服従する習慣を持たない場合かつその場合に限り、Xは主権者となるとするものであった。ここからすれば、主権が何であるかも、一般的な服従の習慣によって構成される、というのがオースティン解釈としてもっともらしく聞こえなくもない。このオースティン解釈は、主権とは（審判がゲームにおいて果たす役割とちょうど同じように）ルールによって構成される役割だとするハートの主張と、どれほど距離があるだろうか？［この問いに対する］ハートからの応答は二つある。第一の応答は、主権者の資格を持つ人物が別の人物へと法的に移行する形態について、その最も単純なものであっても、その説明にはオースティンが持ち出す道具立てでは十分でないことにある。オースティンの定義を満たす形で、Xが社会Sにおいて主権者であったがしかしXは世を去り、YがXの法的な後継者となったことで、今やY

が社会Ｓにおける合法的な主権者である、という場面を考えてみよう。いうまでもなく、Ｙによる支配の最初の段階においては、Ｙは社会Ｓの構成員による**服従の習慣**（habit of obedience）を享受してはいない。習慣が発達するには時間がかかるのだ。ここから、ＹをＸの法的な後継者とするものが何であるかが、異論なく理解されることとなる。Ｘが主権者としての機能を果たせない場面において、Ｘの法的‐政治的な役割をＸに代わって得ることになるのが誰かといった事柄は、移行と継続についてのルールによって決せられるわけだが、法システムはこれらのルールを含んでいるのが普通である。にもかかわらず、主権についてのオースティンの主張には、こうした移行ルールがどのようなものでありうるかを説明してくれるものは、何ら見受けられない。いうまでもなく、［移行原因発生後］少なくともしばらくの間は［服従の習慣が］一切存在しない以上、移行ルールそのものが服従の習慣から構成されるというのはありえないのである(16)。

第二の応答は、第一の応答における問題の核心部に属してもいたものだが、単なる行動の規則性とルールに従う事実との間に引かれた厳然たる区別をオースティンが見逃していたことにある。［オースティンによれば］服従の習慣とは行動の規則性であり、［実際］われわれは多くのことを規則的にしているのだが、しかしそれらは必ずしもルールに従う事実ではないのである。われわれは規則的に昼食を食べたり、定期的に映画を見に行ったり、その他諸々のことをなす。しかし、こうした行動を要求するルールは何ら存在しない。昼食を食べる際、誰もルールに従ってはいないのである。行為の理由はある規則的な形態をとって生じることから、そうした理由に即した行動をとる場面では、規則的なパターンの振る舞いを提示することになる。しかし、ルールに従う場面ではそうではなく、ルールそれ自体が、ルールが要求することをなす理由とみなされる。ルールは規範的な意義を有している。

つまり、ルールの存在は何らかの形で実践的推論に組み入れられるとともに、［実践的推論の中で］その存在はルールの要求をなすことを何らかの形で支持することとなるのだ。

以上のとおり、ハートによるオースティン批判は二つからなる。一つ目は、主権が制度であり、制度はルールから構成されることを、オースティンは見逃していたとする批判であり、二つ目は、ルールが行動の規則性にとどまらないことを、オースティンは見逃していたとする批判である。これら二つのポイントをまとめると、その狙いは、主権者についての社会学的な捉え方から法の効力へと還元的な説明を与えることの不可能性を示すことへと向けられている。今こそハートの議論を明らかにするときである。ハートは、政治的主権の定義をいわば純粋に社会学的に示しうることを否定する必要がない。ハートの議論の主眼は、そうした社会学的な主権の特徴づけでは、ここで追い求めている主権の性質を捉え損なってしまう、という点にある。すなわち、法源としての主権者の役割を説明してくれ、その命令が法規範を構成する存在の性質を捉え損ねてしまうのだ。この意味での主権の性質を捉えるためには――つまり、その行為や決定が法を作り出すところの行為者を特定するためには――まずは主権を法的に意義ある存在として構成するルールを、つまり法規範の源泉として一般的に認められる存在や制度の性質を、知る必要がある。言い換えれば、ここで求められているのは主権についての制度的な説明なのであり、その説明は制度を構成するルールに基づいている必要がある。次いで、［主権を捉えるためには］上述のとおり、ルールは行動の規則性にとどまらない［ことを知る必要がある］。服従の習慣が存在すると仮定した場合でも、Xの指示に従って行動する習慣が――行動の規則性として――存在する事実は、この［法的に］重要な意味でXを政治的主権者へとすることを説明するのに十分ではない。求められているのは「ルールという、それなしには法の最も初歩的な形態をも解明しえない観念」なのだ。以上がハートの結論である[17]。

そのハートが、ケルゼンとある重要な点において一致した見解を持っていることには注目せねばならない。ハートとケルゼンは、一定の行為や出来事を、そのようなものとして法的に意義を持つように解釈しうるには、それに先立ち一定の規範的な枠組みを共有している必要があるとする点で、見解を共にしているのだ。ケルゼンにとっては、この規範的枠組みは根本規範という前提から与えられるのだが、すぐ後に見るように、ハートはオースティンの用いた還元的方法論を維持し、社会的ルールという観念にとって欠かすことができない規範的枠組みを与えようとしたのである。言い換えれば、ハートが社会的ルールという観念に拘泥していたのは、ケルゼンが根本規範に帰した理論的機能を果たさせるためだったのだ。しかし、ハート自身が自覚していたように、ハートによる社会的ルールもまた還元的なものである。ハートが拒んだのはオースティンの［還元的］方法論ではなく、法の基盤にある構成要素だけである。以下の節では、ハートによるこの説明を詳述することとしよう。

法はいかにして社会的ルールによって構成されるか？

ハートは法の性質を説明するにあたり、**一次ルールと二次ルール**（primary and secondary rules）との区別を導入することから始めている[18]。一次ルールは、「これこれせよ」あるいは「これこれするな」のように特定の仕方で行動することを規定する。一次ルールは行動をガイドすることを対象とするのだ。二次ルールはルールについてのルールである。つまり、二次ルールは［自身を除く］他のルールを対象とした上で、いかにしてそれらルールを創設、修正、あるいは廃止させうるか、あるいはいかにしてルールの解釈が裁定されるべきかといった事柄をガイドするのである。一次ルールと二次ルールの区別にハートが取り組んだのは、二つの目的からである。一つ目の目的は、発達した法システムでは例外なくこの二種類のルールが存在する、と示すことにある。こうした法システムは、行動に関する一次ルールに加え、他のルールの創設、修正、解釈を規定する二次ルールをどんな種類であれ含んでいる（実際、一つ前の節で検討したような権能付与ルールは、こうした二次的な性質をもつ）。ここから、オースティンの法命令モデルに、とどめが刺されることとなる。同モデルは命令を行動に関する一次ルールだとするが、法というものはそういった一次ルールに加えて、行動をガイドすることに向け得られるのではなく、さまざまな行為者に新たな規範を創設させ、あるいは既存の規範を修正させることへと向けられる、多種多様な二次ルールを含んでいなければならないのである。

この二次ルールが導入されるに至る二つ目の目的は、どのようにルールが法制度を構成しうるのかを示すことにある。法システムを持ついかなる共同体においてもある特別な二次ルールが存在する、とハートが主張したことはよく知られている。ハートはこの特別な二次ルールのことを認定のルールと呼んだが、このルールは、当該共同体において法を創設する行為や出来事として、それら行為や出来事を識別するルールである。ハート曰く、こうした認定のルールが存在することで、「法の効力という観念の萌芽」[19]を見出すことができる。認定のルールは、法が創設され、修正され、あるいは廃止されたりする方法を識別する際、共同体が従っている社会的ルールなのである。言い換えれば、その共同体において法的に効力を持つ規範の源泉とみなされるものを構成するものこそ、認定のルールなのである。[20]前章で見てきたように、法の効力の連鎖はどこかで終わりを迎える。ある行為や出来事が現に持つ法的な意義が何によって認められたのかを説明しようとすれば、どんな法システムにおいても、非法的な語彙によって説明されねばならない地点に至ることとなる。［だとすれば］合法性という観念を支えている、より基礎的で根本的な何かがなくてはならない。ハートの提案では、ルールが合法性［リーガリティ］の観念を基礎づけているのであれば、ルールによって構成される法制度よりもそれらルール自体がより基礎的なものでなくてはならない、ということになる。ここから社会的ルールという考えが出されたのである。

さらにハートは、さまざまな認定のルールが衝突するおそれから、法システムは概して、どの法源が他の法源に優越するかを定める、優劣の順位にかんする定めを持つことになると考えた（たとえば、連邦法は州法に優越し、判決は立法に優越する、といった具合である）。言い換えれば、認定のルールは概して、一つの主たる認定のルールあるいはマスター・ルールの下で包摂される階層構造を明示している。法システムが階層構造をなすという考えは、ケルゼンの法体系理論とその根本規範という前提からすれば馴染み深いものである。この階層構造については第1章で議論したことから、ハートの認定のルールに対しても、あらゆる法システムにおいて一つの根本規範があるとする考えについて提起したのと同じ疑問を準用することができる。あらゆる法システムが一つのマスター・ルールを持つと決めてかかるのは、おそらく過度な単純化である。複数の認定のルールがある場合、それらの間の潜在的な衝突は必ずしも解消されていないというのが、よりありえそうな話である。

［このように］ハートの法理論といえば、何を措いてもまず社会的な認定のルールによって合法性が構成されるという考えだ、とされてきたが、ハートによる説明が斬新なのは、この認定のルールが「社会的」なルールだとしたことにある。認定のルールがもつ理論的機能は、基本的にはケルゼンが根本規範に帰した理論的機能と同じである。ハートの認定のルールとケルゼンの根本規範の間には、

規範の性質において違いがあるだけである。上述したように、ケルゼンにとって根本規範は前提であり、ハートにとっての認定のルールは特定の共同体が現に従っている社会的規範である。ハートがこれらの対比を明示している箇所があるので、その全文を引用しておくのが有益である。

> 法的な意味での認定のルールの究極性を強調する学者の中には、当該システムにおける他のルールの法的な効力は認定のルールに照らして論証できるが、認定のルール自体の効力は論証不能で、それは「想定される」か「措定される」か、あるいは「仮説だ」と主張する者もいる。この主張は、しかし、極めてミスリーディングである。

ハートはこの上で、認定のルールや根本規範を「措定」や前提だと考えることの何がミスリーディングかを説明する。

> 第一に、ある法的ルール……の効力を真剣に主張するものは、彼自身、法の識別に相応しいものとして**彼が受容する**認定のルールを使用していること。第二に……**認定のルールは**、彼が受容するだけではなく、当該法システム全般の運用において、**現実に受容され利用されていること**。これらの前提の真実性に疑いがかけられるときには、**現実の慣行に照らして決着がつけられるだろう——裁判所がいかにして、何が法かを判定しているのか、そうした判定の仕方が一般に黙認されているかに照らして**[21]（強調は引用者）。

ここから一目瞭然であろうが、ハートは一般的には根本規範というケルゼンの理論を受け入れていた一方で、ケルゼンの反還元主義的な基礎を拒絶していた。前章で見たように、ケルゼンが迫られつつも認めずにいたのは、根本規範の内容が社会的実践（慣行）で決まることであったが、これはハートが出した結論そのものである。ハートによれば、この結論からは単純に、根本規範を前提とする発想が全く余計なものということになる。法源を特定するに際し、裁判官やその他公務員が一定のルールに従っていることを認めさえすれば（そして認めなくてはならないわけだが）、これらルールは前提とされる必要がない。これらルールは、関連する共同体で従われ、「受容」されている現実の社会的ルールなのである。つまり、ケルゼンの根本規範という考えを社会的事実の語彙で「特定の共同体で通用している」と還元的に特徴づければ、認定のルールというハートの考えと根本規範とは本質的には同じものとなる。すぐ後に述べるように、ここで重要となる社会的事実とは、人々の行動、信念、そして態度に関する事実である。

ここからハートが詳述する必要があるのは、社会的事実とは何であるのか、そして社会的事実がどのように法の効力と法に帰される規範性に根ざしているのかについてである。後に**ルールの慣行**［実践］**理論**（practice theory of rules）と呼ばれることとなる理論で、ハートは上記の問いに答えているが、その答えもまた、徹頭徹尾還元的である特徴を維持している。

ハートの主張は以下のとおりである。社会的ルールRは、下記の条件が満たされる場合かつその場合に限り、ある集団Sにおいて存在する。すなわち、

（1）　Sの構成員の大半が、行動上、Rの内容に**規則的に従っている**（regularly conform）。

（2）Sの構成員の大半が、Rをルールとして**受容している**（accept）。これが意味しているのは以下のことである。
（a）Sの構成員の大半にとって、Rの存在が、Rに適合する行為理由を構成している。
（b）かつ、Sの構成員の大半が、Rに従うように他の構成員に圧力をかける根拠として、そしてRに従った行動からの逸脱した行動を非難する根拠として、Rを参照するとともに用いる傾向がある。(22)

ここに見られるように、ハートによれば、社会的ルールの存在とは、**行動**、**信念**、そして**態度**が持つ現実のパターンから成り立っている。すなわち、社会的ルールが存在するのは、行動や振る舞いの構成要素として、ルールへの規則的な一致あるいはルールに従った行動の規則性が存在する場合であり、さらにルールの「受容」という複雑な構成要素が存在する場合である。この「受容」は、次の信念および態度からなる。第一に、（1）ある集団において、ルールの存在が一定の行為理由を与えてくれるという共有された信念であり、（2）［集団の］他の構成員にルールに適った行動をとるように圧力をかける根拠として、あるいはそう行動できない場合には非難を加える根拠として用いられることで明らかになる、ルールを積極的に承認する共有された態度である。以上の説明が社会的ルールを還元的に説明していることは明らかである。社会的ルールが何であるかは、特定の社会集団の構成員（の大半）が現に抱いている信念および態度を伴う、当該集団において現れた振る舞いによって説明されるとする［のだから］。［さらに］この説明が、総計的な説明でもあることに留意せねばならない。そこでは社会現象が、関連集団の個々の構成員が持つ行動、信念、態度によって説明されるとするのだから。特定集団構成員の大半が一定の仕方で振る舞い、そしてその振る舞いに関しての一定の信念と態度を共有する場合に、「ルールという観念」が生じる。この観念こそ法システムの基礎をなす、というのがハートの主張である。

社会的ルールについてのハートの説明はこのように強い還元主義をとっているわけだが、多くの評者がこのことを見逃してきた。この理由の一端は、社会的ルールを観察し、説明するためのさまざまな仕方についてハートが出した説明が、かなり謎めいていたことにある。『法の概念』が引き起こした混乱のうち最たるものは、ハートが行ったルールの**内的**側面と**外的**側面の区別である。ハートは、「ある社会集団が一定の行動のルールを備えるとき」には、ルールについて異なる種類の観察が可能であるとした。すなわち、

ルールとのかかわりは、それを自身は受容しない単なる観察者の立場からも、また、それを受容し行動の指針として用いる集団の構成員の立場からも、ありうる。

前者が外的視点であり、後者が内的視点である。ここから直ちに、ハートは外的視点がさまざまでありうると結論する。

観察者は、自身はルールを受容することなく、当該集団がルールを受容していると述べ、さらに、集団の外側から、構成員がその内的視点からルールとどのようにかかわっているかを記述することがありえる。［そうではなく］……集団の内的視点を勘案することなく観察する者の立場をとる

こともできるのだ。そうした観察者は……規則的行動を観察し、記録するにとどまる。(23)

社会的ルールを説明する仕方として、ハートは三つを挙げている。一つは内的視点であり、ルールを「受容」している、つまりルールを自身の行為理由とみなしている集団構成員の観点である。もう一つは外的視点であり、内的視点に属する構成員が共有する信念や態度なしに、内的視点を報告する観点である。最後に、極端な外的視点とでも呼べよう観点であり、観察可能な行動の規則性によりルールを報告する観点である。ハートが外的視点の極端なヴァージョンを取り上げたのは、オースティンが単純化してしまった還元主義の誤りを、この箇所でもまた示すためであったというのは、ありそうな話である。すでに述べたとおり、オースティンが服従の習慣によって主権を定義したのは全くの誤りであるとハートは考えていた。その理由の一端には、行動の規則性に従うこととルールに従う事実との間にある厳格な区別が、オースティンの定義では認められないということがある。つまり、オースティンによる主権の特徴づけはあたかも極端な外部からの視点に限定されているようであり、この理由だけでも上記特徴づけは全く不十分となるのだ、と。ハートの主張はこうである。人々が内的視点を共有しているという事実を考慮に入れることなしには、社会的ルールの説明はもっともらしいものとはいえない。つまりルールを拘束的なもの、すなわち行為理由や他の構成員へとルールに適う行動への圧力をもかける理由を与えてくれるものだと捉えている集団構成員の観点なしには、社会的ルールの説明はもっともらしいものとはいえないのだ、と。

ここで法の規範性に関するケルゼンの議論を思い起こす場合、ケルゼンに比してハートの上記区別が単調なことは、やや奇異に映るかもしれない。社会的ルールを記述するにあたっては、コミットした構成員の観点、すなわち関連するそのルールを**拘束的**（binding）（理由付与的）だと捉える者の観点から記述することもできるし、そうではなく上記の観点を、他者の行動、信念、態度についての報告という形式で報告することもできる。このようにハートはいうが、［それに先立ち］ケルゼンは、規範システムを説明するために明らかに不可欠なものとして内的視点を捉えるとともに、**あたかも**内的視点を受容している**かのように**規範システムについて議論を組み立てうるという可能性も認めていた。ケルゼンが提示したこの三つ目の可能性を、つまり**推定された**内的視点あるいはラズの言うところの超然たる規範的言明がありうることを、ハートはただ単に見落としていたのだろうか？

ハートが、自身の提示した区別をより精緻化することができること、そして超然たる規範的言明がありうることを、ただ単に見落としていたというのもありえなくはない。しかし、忘れてはならないのは、上記の区別を設けたハートの計画とその狙いである。私の見るところでは、この議論におけるハートの主目標は、［二つ前の段落でありそうな話としていたような］オースティン批判ではなく、実際にはケルゼン批判なのである。上記区別でハートが示したかったのは、単に内的視点の重要性ではない。ハートの狙いは、人々の信念や態度によって、内的視点がどのように説明されうるかを示すことにあった。私はこのことを確信している。言い換えれば、上記区別が向かっている先は**外的**（external）視点の方であり、内的視点ではないのである。［したがって、ここで］ハートが描く対比は、ハートの見立てでは極端な外的視点に限定されたオースティンによる説明と、ハート自身が提示する「自身はルールを受容することなく、当該集団がルールを受容していると述べ、さらに、集団の外側から、彼ら［構成員］がその内的視点からルールとどのようにかかわっているかを記述することがありえる」[24]観察者による説明との間にある。ハートの狙いは、社会的ルールを還元的に説明する基礎を築くこと、つまりは人々の行動、信念、態度によって内的視点を説明する基礎を築くことにある。この目的からすれば、［ケルゼンのように］社会的ルールを拘束的であるかのように語ることもできるという事実は、要点を外したものなのである。ハートの議論の要点は、ルールのシステムが持つ規範性を、いわば外側から説明することについては何ら問題ないことを示すことにある。法が持つ根本的な規範的な枠組みを説明する際に何かを**前提とする**（presuppose）必要はない。必要なのは、人々が一定のルールに従うという複雑な社会的事実を説明してくれる類の社会学的説明なのである。そしてハートの主張によれば、実際に人々が行動する仕方と、その行動についての自身の信念、それらに伴う態度を観察することで、上記の社会学的説明は得られるのである。

ここまでのところを要約すれば、次のとおりである。ケルゼンは、合法性という考えを説明しうる唯一の方法は、あるタイプの行為と出来事に対してわれわれが帰すところの法的な意義を付与する、その規範を提示することによる他ないと洞察していた。この洞察を、ハートは明らかに共有している。［これによれば］当該共同体の中で法が作られ、修正される仕方を区別する一定の規範がなければならない。この規範が**認定のルール**なのである。しかしこの規範について、ケルゼンがそれは前提とされねばならないと考えた点において、ハートは見解を分かつ。**認定のルール**は社会的ルールであり、現に裁判官やその他の公務員によって大方従われており、かくして、人々の行動、信念、態度を観察することで、**認定のルール**の観察と説明もまたなされうるのである、と。

こうしたハートの立場には根本的な難点がある、と指摘する評者もいる。すなわち、ハートの主張するように、認定のルールというのが裁判官や公務員が従っているルールであり、このことが認定のルールを他と区別することを可能ならしめるのだとする場合、当の認定のルールが、果たしてどのようにその人々の持つ役割を裁判官や公務員**として**（as）構成することになるのであろうか？　結局のところ、ハートとしては繰り返し、ある個人が裁判官やその他の公務員として区別されるのは、彼らに当該法的権能を付与し、それによって制度的役割を構成するルールによってなのだと言い募るにとどまった。つまり、誰が「公務員」とみなされるかを説明するルールが求められる一方で、その公務員が従っているルールによって何が法とみなされるかは決まると主張してしまっているように見えるのである。ここには「卵が先か、鶏が先か」問題が含まれているだろうか？(25)　私の見るところでは、そうではない。「認定のルールというのは誰のルールなのか」の問題に答えるに際し、認定のルールとは概して裁判官と公務員が従うルールだと、ハートは指摘した。このことは事実である。さらにハートは、そうした資格を有する公務員の役割は、ルールによって構成される、と正しく主張した。このこともまた事実である。しかし、ここには循環論法は含まれていない。例として、チェスというゲームのことを考えてみよう。チェスが、チェスのルールによって、特定の種類の活動――いうなれば、実践――として構成されていることは明らかである。ここで、「そこでのチェスのルールとは、誰のルールなのか？」と尋ねたとしたら、その答えは、ゲームをプレイする人々、つまりはチェスプレイヤーが従うルールだ、というのが普通である。さらに「そこでいうチェスプレイヤーとは、誰のことか？」と尋ねたとしたら、間違いなくその答えは、チェスというゲームのルールがプレイヤーという役割を構成するのだ、というものとなる。ここにはパラドクスがあるような気がするものの、実際には何らパラドクスは存在しない。チェスであるとか演劇であるとかいった、一定のタイプの活動を構成する一群のルールが存在する場合、そのルールは、当のタイプの活動も、またその活動の中で人々が担う特定の役割も、ともに構成しうるのである。いうまでもなく、そのルールというのは、当の活動に参加している人々が現に従っているものである。言い換えれば、特定の制度的な役割を果たす人々が現に従うルールというのは、制度的な役割を構成するルール、すなわち一般的にルールが構成するある活動の一部をなすところの役割を構成するルールと、同一でありうるのである(26)。

このように注記したからといって、ハートの理論に問題がないわけではない。ハートによる社会的ルールの慣行［実践］理論は、少なからぬ反発に直面していた。一つには、ルールに従うという考えを合理的なものあるいは理解できるものへとする主たる要素を、つまりはルールに従う理由を、ハートは説明しなかった、という見解である。［この見解によれば］ハートによるルールの慣行［実践］理論は、ある集団がルールに従っている際に観察されるものを、つまりは人々が行動の規則性を示す際に、この規則性について共有している信念や態度を伴いつつ行動しているということを、説明しているだけである。しかしながら、こうした［ハートによる］説明は人々がルールに従うために持つ理由について何ら示してはくれない、というのである。すなわち、ハートの説明は、「人々が関連する社会的規範を拘束的あるいは強制的だとみなすのを合理的なものあるいは理解できるものへとするものは何か」という問いに、沈黙を貫いているように見える、と。奇妙なことに、上記の問いに関心を向けるべき理由を与えてくれたのも、ハートその人に他ならないのだが（たとえハートがこの話題に関心を向けるべきではない理由を提供していたと考えていたとしても）。

［これを説明するのに］ガンマンが「金を渡せ、さもなくば撃つぞ」と命じた状況を考えてみよう。この命令が法的な命令でないことは明らかである。しかしながら、オースティンの法命令説によれば、ガンマンの命令と法的命令との唯一の違いは、ガンマンがたまたま政治的主権者ではなかったという事実だけである。このことをハートは正しく指摘していたが、さらに続けて、このオースティンの見

方が極めて重要な点を見逃していたのは疑いない、と主張していた。すなわち、上記のガンマンの命令に直面した際、被害者が金を渡すように「強いられている」というのは正しいかもしれないが、被害者がそうする「責務」や「義務」を持つというのは間違っているだろう、と。対照的に、ガンマンとは異なり法は、しばしば義務を作り出すものとされる。すなわち、法規範が一定のタイプの行動を要求する場合、当該要求は従うように**責務**（obligation）を課するものとされる(27)。端的にこれこそ、［第1章以来］ずっと探究されてきた法の規範性についての問いなのであり、法規範の強制的あるいは拘束的な要素をどのように説明すべきかの問いなのである。

さらにこれと同じ問題が、おそらくはより強力な形で、認定のルールの規範的側面についても当てはまる。ある評者が問うた点であるが、裁判官とその他の公務員が認定のルールに拘束されなくてはならないのは、なぜなのだろうか？　どんな意味であれ、認定のルールを拘束的なものにするものとは、何なのだろうか？　この問いをハートはうまく提示してはいるものの、その答えは何ら与えなかったということが問題である。つまり、人々が行なっている社会的事実を指摘することを除けば、ルールの慣行［実践］理論には、人々が法規範を拘束的だとなぜみなすのかを説明してくれるものは、何もないのである。実際、ハートはこれで十分だと、つまり法の性質についての哲学的な説明は、規範的な道徳‐政治哲学と異なり、それ以上のことはなしえない、と考えていた。哲学的な説明は、次のことを指摘しうるにとどまる［のだとハートは述べる］。すなわち、法には上記の規範的要素があること、そしてここから現に機能している法システムがあるところでは、当該集団のほとんどの構成員が法の要求を拘束的だと**みなしている**ことである。拘束的であるとは、当該集団に対して行為をする理由と、同様の行為をするように従うよう他の構成員に圧力をかける理由とを与えることであり、こうした理由が道徳的理由か否か、そのタスクを十分にこなすか否かは、法哲学の一般理論の中で答えることが求められる問いではないのである、と。

私の見るところでは、この論点についてでは、ハートは部分的にしか正しくはなかった。再度ガンマンの状況を考えてみよう。ガンマンのシナリオと法のシナリオとの間にある決定的な違いは、権威の概念を導入することでよりよく説明できる。ガンマンは、金を奪うことにしか興味がない。ガンマンは、自身の立場からすれば金を渡すようにとあなたに命令する権威があるのだ、とは主張しないし、少なくとも彼にそう主張させるような状況は何ら存在しない。言い換えれば、ガンマンは、自身が正統な権威を持つことを主張しないし、あるいはあなたの行動に対して正統に権威づけられた権利を持っていることも主張しない。これと対照的に、法が正当な権威であることを常に**主張する**（claim）ことは、法の本質的な側面である。このようにジョセフ・ラズが議論したことは、よく知られている。[28]法が（税を課したり、罰金を科したり、何であれ）あなたの金に何らかの主張をなす場合、法は推定された正当な権威を行使するものとして主張をなしている。法的な要求が責務を作り出すとされるのは、すなわち正統な政治的権威の主張に基づいた要求となるのは、この意味においてである。いうまでもなく、自身を正統な権威だとする法の主張が、道徳的あるいはその他正当化されたという意味で、一般的にいって根拠のあるものだとは、ラズは主張していない。自身の権威の正統性にかかる法の主張が――特定のケースであろうと、全体的にであろうと――保証されたものであるか否かは、独立の、道徳的‐政治的問いであり、答えもまたケースごとに異なるはずである。しかし、法が何であるかを理解するためには、法が常にこの種の主張をなしていること、すなわち法が正統な政治的権威であると主張していることは、欠くことができない。ラズの洞察からいかなる教訓を引き出せるか、その教訓に適うようにハートの見解が修正される必要があるか？　これが次章のトピックである。

原注

(1) Austin, *The Province of Jurisprudence Determined.*

(2) もう少しだけ正確に言えば、現代の法制度においては、膨大な量の行政法的規制が「これこれせよ、さもなくば……」型を用いていることを認めねばならない。こうした規制的な法規範の多くは、行政機関が制定している。

(3) Hart, *The Concept of Law*, pp. 27-35.［邦訳：六二―七五頁］。ハートが採用した「法的権能」の定義は、W・N・ホーフェルドによる法的権利の有力な分析に由来する。ホーフェルドの *Fundamental Legal Conceptions* を参照せよ。

(4) Hart, *The Concept of Law*, pp. 34-35.［邦訳：七二―七四頁］

(5) Hart, *The Concept of Law*, pp. 33-35.［邦訳：七一―七七頁］

(6) Kelsen, GT, p. 63.［邦訳：一二六―一二七頁］。ケルゼンは、公務員への指示の断片として法をみる本文の考えを、実際には発案したわけではない。この考えは、Bentham, *An Introduction to the Principles of Morals and Legislation*, 330ff.［邦訳：下巻三二四頁以下］に由来する。

(7) Hart, *The Concept of Law*, pp. 35-41.［邦訳：七五―八四頁］（この箇所は、*The Concept of Law* においてハートがケルゼンに明示的に言及した唯一の箇所の一つである）。

(8) Hart, *The Concept of Law*, p. 33.［邦訳：七一頁］

(9) Kelsen, GT, pp. 18-19.［邦訳：六六―六七頁］

(10) Raz の *Practical Reason and Norms*, pp. 158-160. を参照せよ。

(11) 注目すべきは、本文のような制度が必要だということは、われわれの世界で立法や司法として見られているのと非常によく似た、立法制度と司法制度がともに必要であることを示唆している点である。

(12) こうしたケースを分析する最適のフレームワークが、ゲーム理論モデルによって得られる、と示唆するつもりはない。ゲーム理論モデルは、個人の主観的な選好という観点から作られる傾向があり、行為の理由や理由への反応性にはかかわりなく、選好を所与のものとするためである。

(13) Austin, *The Province of Jurisprudence Determined.*

(14) たとえば、Xが近所のいじめっ子に習慣的に服従する場合でも、そのいじめっ子がXに恐怖をもたらすことが何らかの形で正統化されていると示唆することなく「習慣的に服従する」と述べることには、何らの問題もない。さらに例を挙げれば、机から床に落ちる物体が「重力法則に服従する」と述べる場合、「服従」という言葉をいくらか比喩的に用いていなくもないが、ひどい拡大解釈とまではいえない。

(15) Hart, *The Concept of Law*, chap. 4.

(16) Hart, *The Concept of Law*, chap. 4を参照せよ。

(17) Hart, *The Concept of Law*, p. 78.〔邦訳：一四〇頁〕

(18) Hart, *The Concept of Law*, pp. 78-79.〔邦訳：一四〇頁〕

(19) Hart, *The Concept of Law*, pp. 93.〔邦訳：一六一頁〕

(20) 本文中での定式化は、完全に正確なものではない。すなわち、ハートは、法システムが持つ二次ルールとして、認定のルール、変更のルール、裁定のルールの三つを主たるタイプとして挙げている。本文の私の記述では、ハートが変更のルールの下に分類した要素も、認定のルールに含めている可能性がある。しかし、これ以降の議論は、この分類問題に何ら左右されない。

(21) Hart, *The Concept of Law*, p. 105.〔邦訳：一七九頁〕

(22) ハートは、*The Concept of Law* のいくつかの箇所にちりばめる形で、社会的ルールの性質について説明している。本質的な要点はほとんどpp. 82-86.〔邦訳：一四六—一五二頁〕にある。

(23) Hart, *The Concept of Law*, pp. 87.〔邦訳：一五二頁〕

(24) 同上。

(25) Shapiro, "On Hart's Way Out." を参照せよ。

(26) 混乱の一因は、ハートが構成的ルールを二次ルール、つまりルールに関するルールだと想定していたことにおそらくは根ざしている。明らかにハートは、認定のルールが二次ルールであると想定していた。チェスの例によって、一般論としては、ハートがこの点において間違っていたことが示される。チェスのルールは二次ルールではなく、行為ルールである。つまり、許された指し手と許されない指し手を具体化し、ゲーム内でのその手の意味を特定するルールなのである。それにもかかわらず、チェスのルールは構成的なものであり、ゲームが何であるかを構成するのである。

（27） Hart, *The Concept of Law*, p. 80.［邦訳：一四二頁］

（28） Raz, "Authority, Law, and Morality."

さらなる文献案内

Coleman, *Hart's Postscript: Essays on the Postscript to* the Concept of Law.

Dworkin, *Taking Rights Seriously*.

Gavison, *Issues in Contemporary Legal Philosophy: The Influence of H.L.A. Hart*.

MacCormick, *H.L.A. Hart*.

第3章　権威・コンヴェンション[1]・法の規範性

本章において私は法実証主義の説得力ある一ヴァージョンの概要を完成させたい。本章は二部からなる。私は前半で、実践的権威の性質に関するジョゼフ・ラズの発想のいくつかと、法の規範性について彼の見解が持つ含意を論じ、後半で認定（recognition）〔承認〕のルールに立ち戻って、〈社会的なルールが法の基礎にあるというH・L・A・ハートの発想は基本的には正しいが、必要とされる基礎を明確化するためには社会的慣習に関する理論が必要である〉ということを示したい。法の権威的性質とその慣習的基礎という二つの発想を手にすると、われわれはハートの法理論の説得力あるヴァージョンを再構築するために必要な主たる材料を持つことになるだろう。

ラズの主要な洞察は、前章で述べたように、〈法は正当な権威であることを必然的に主張する〉というものだ。この一般的な洞察から私が引き出したい教訓が三つある。第一に、法哲学は法の規範性の説明に自らを限定すべきである――法を正当化するものや、それを持つ価値のあるものたらしめるものが何であるかに関する道徳・政治的説明に入りこむことなしに――と考える点でハートは正しいが、それでもわれわれは、法の規範性の説明に際して、人々が法の要求を拘束力あるものとみなす傾向があるという事実を単に指摘する以上のことができる。後でいくらか詳しく見るように、実践的権威に関するラズの説は、法の規範性にある構造を与える——法の命令に拘束力を与える何種類かの理由と、それらが法的考慮あるいは他の規範的考慮との間に持ちうる関係とを説明して。

法の規範的性質から私が引き出す第二の教訓は、〈法規範は基本的に、ある権威が他の人々の行動を指導する目的で発する指令（directives or instructions）である〉というものだ。この点において法規範は道徳規範とも社会的規範とも決定的に異なる、と私は論ずる。これは論争的なテーゼだということがわかるだろう。その擁護の一部は次の章に持ち越される。

最後の第三の教訓は、〈法の理解を政治的主権から分離しようとするハートのかなりの努力にもかかわらず、この努力は少々行きすぎだった〉というものだ。オースティンの法命令説は粗削りすぎ単純すぎたかもしれないが、法は政治的権威の道具であるという彼の基本的洞察は正しい方向を向いている。本質的に法は権威的制度であるというラズの観察はこれらの論点を結びつけて、〈法の規範的には何か独特のものがあって、それはハートの理論よりも法と政治的権威とをずっと密接に結びつける仕方においてである〉と考えさせようとする。私はこの最後の論点を支持する特別の議論を提出はしないが、先に進むにつれてそうだとわかるようになると望む。

権威と規範性

法が責務を課したり、何かをせよとあなたに要請したりするときはいつも、法は二重のメッセージを発している。あなたはそれを行う**べき**であり、また**法がそう言っているという理由から**（because the law says so）あなたはそれを行うべきなのである。法がある行動を命ずるとき、それは〈それを要請するのは**法である**〉という実践上の相違をもたらそうとしている。［本書の冒頭で言及した］ハンズフリーの携帯電話を要求するカリフォルニア州の掲示板を思い出せば、それらの掲示板はこの点を正しく述べていた。われわれはハンズフリーの装置を用いるべきだが、それは「これは法律です！」という**理由から**である、と掲示板はわれわれに教える。これは法が道徳的要請とも社会的規範とも異なる決定的な点だ。あなたがある状況の下であなたに妥当する道徳的な行為理由を与えられたとき、あるいは何かを行うように（たとえば、知人に挨拶するとか、ディナー・パーティーにワインを持って行くとか）要請する社会的規範があると言われたとき、もしあなたが「誰がそう言っているのか？」と質問するとしたら、それはばかげていて無意味なことだろう。むろん誰もそう言っていないから、これは意味のない質問なのである。しかし法の場合には、これは常に意味のある質問だ。そう言っているのは法（あるいはある特定の法的権威）だ、ということが常に重要なのである。法の規範性の説明に関する主要な問題の一つはまさに、行為理由と「誰がそう言っているのか？」という問いに対する答えの重要性との間のこの関係を説明することにある。だから行為理由のこれらのタイプに関する一般的な観察から話を始めて、法の規範性のこの決定的な側面をラズの権威理論がいかに説明するかを見てみよう。

ある人が何かを行うように誰かから言われたという理由からそれを行うべき理由を持つ、というケースにはいくつかのタイプがある。むろん時には、その別人の勧めることがそれ自体として健全であるという理由だけから、それを行うべき理由を持つことがある。私は自分の娘が友だちに会いに行く前に宿題を済ませるよう娘に言うとき、娘が私の要求に従うことを期待しているが、それは私がそう言うかどうかにかかわらず彼女は宿題を済ませるべき理由を持っていると信じているからだ。私の要求の目的は単に、私の要求とは独立に彼女が行うべきことを彼女に思い出させることにすぎない。しかしながら、もし私が重い家具を動かすのを手伝ってくれるよう友人に頼むとしたら、私はその友人が私の依頼に従うことを期待するが、その決定的な理由は、それが私の依頼だからだ。私が友人にそう頼むかどうかにかかわらず彼は家具を動かすべき独立の理由を持っている、などと私は示唆していない。後者の種類の理由を**人格相関的**（identity related）と呼ぶことにする。これはいくらかルースに言えば、Aがφすべき理由が、φするようにAに示唆あるいは要請あるいは命令する別の行為者Bの同一性［誰であるか］に部分的に依存している場合の理由である(1)。

行為理由が人格相関的である状況はさまざまだ。その一部は知識にかかわる。私のブローカー（もしいるとして）が、私の持っているGM株の価値が急落するだろうと予言するという理由で、私がその株を売るとしてみよう。私はそのような事柄には実際無知だから、ブローカーの勧めることに従うべき十分よい理由を持っている。そしてこの行動を勧めるのが私のブローカーであって、たとえば私の学部長ではないということには決定的な重要性がある（たとえば、私が株を売った理由を誰かに訊かれたら、私がそうしたのは私のブローカーがそれを勧めたからだと答えることは完全に意味をなす）。ここで想定されているのは、私に妥当する理由はブローカーの方がよく知っており、私は自分自身で考えようとするよりもその勧めに従うことによって、私に妥当する理由にもっとよく従うことができるだろう、ということである。

しかしながら他の場合には、他の人が私に行うように言うことは知識とは全然関係がない。友人の頼みに従うという例はそのようなケースの一つだ。あなたが友人の頼みに応ずべき理由は、その友人があなたに妥当する理由をあなたよりもよく知っているという事実とは無関係である。あなたに助力を求めたのはあなたの友人であるという事実が、彼の頼んだことを行うべき理由の一部を構成している。なぜなら彼はあなたの友人だからであり、また友情の価値は友人の頼みに応える十分な理由を与えるからである。

本質的に、法は行為への人格相関的理由を生み出そうとする。法がある行動を命ずるとき、法はそれを要請するのは**法である**という実践的相違を作ろうとする。それゆえ〈法が生み出そうとする種類の人格相関的理由の根拠をいかに説明するか〉が法の規範性に関する主要問題の一つになる。私の考えでは、ジョセフ・ラズはそれについての最も説得的な答えを示唆した。――本質的に法は権威的制度である、そして権威的指令に従うべき理由は、そのような指令の性質自体から、人格相関的理由である、というのだ。

権威の性質に関するいかなる説明にとっても重要な課題は、〈人は他の人があることをするよう自分に命じたという理由によってそれを行うべき責務を負いうる〉という考えを説明することだ。私は**責務**（obligation）という言葉を意識して使った。人格相関的な行為理由が権威とは無関係な文脈において完全に意味をなす状況はたくさんある。友人の頼みに応えることや専門家の助言に従って行動することはすでに挙げた例だ。権威的命令の独特な点は、それが人格相関的理由を生み出すということではなく――もっとも必然的にそれも行うのだが――、それらの理由が責務という性質を持つという事実である。もしAがCという文脈においてBに対する正統な権威を持っているとしたら、CにおいてΦするようにBに要請するAの権威的指令は、〈BはΦすべき責務を負う〉ということを通常含意する。(2)

ラズの主要な洞察は、権威の命令に従うべき責務(3)を正当化する方法は、〈ある人が自分に妥当する責務を自分自身で判断する〈あるいはそれに従って行動する〉よりも、権威の教えに従う方が、それらの責務に体系的によりよく従いそうなケースがある〉と示すことによる、というものだ。言い換えると、ある権威が正当であるのは、それがサービス――その権威が関係する領域の中で、行為者が権威的指導なしに行動しようとするよりも、権威の教えに従う方が、自分が行動すべきように行動することになりそうにする、というサービス――を提供するときである。ラズはこれを通常の正当化テーゼ(the normal justification thesis)と呼ぶ。

ある人物が別の人物に対して権威を持っているということを確立する通常の方法は、〈後者の主体が、自分に妥当する理由に直接従おうとするよりも、権威とされる者の指令を権威的に拘束するものとして受け入れる方が……自分に妥当する理由によりよく従いそうである〉と示すことを含む(4)。

確かにラズの説の細部は論争的である。特にラズの定式化では次の二つのケースをどのように区別できるのかがいささか不明確だ。その区別とは、専門家の助言に従うケースのように、行為理由が人格相関的であるケースと、権威の教えが人格相関的理由だけではなく従うべき責務をも構成する、真正の権威的関係のケースとの間の区別である。さらに、権威的指令がそれに従うべき責務をいかにして生み出すのかをわれわれが説明できないとしたら、そのような指令を発する権利を想定上の権威に与えるものが何であるかも説明できないことになる――われわれは、支配する権利を誰かに与えるものが何であるかの説明を持たないことになる(5)。

私自身の見解はこうだ。――通常の正当化テーゼを、権威の対象とされる人々に妥当する責務［遂行］の容易化だけに限定すれば、ラズの理論はもっとうまく行く。〈正統な権威の指令に従うべき責務が存在する〉という結論に至る唯一の道は、〈実践的権威の役割は、その対象である人々が、自分たちに妥当する責務が何であるかを自分自身で判断しようとするよりも、権威の指令に従うことによって、それらの責務によりよく従うようにすることである〉という想定である――。言うまでもないがこの見解は、行為理由一般と、その中で責務あるいは義務を構成するような理由の部分集合とを、かなり画然と区別できるという前提に基づいている。私はわれわれがこの区別について極めて満足すべき説明を持っているとは想定していないが、この区別はとても直観的だから、持っているべきだ。私が言いたいのは、われわれが行うべき理由を持つかもしれない行為は無数にあるが、われわれが行うべき責務をも持つ行為はその中の一部だけだ、ということである。だが注意してもらいたいが、もしあなたがそのような区別は不可能かもしれないと疑うならば、ラズの説を気にかける必要もまたない。その場合あなたは〈権威的指令が責務を構成するか、それとも従うべき理由だけを構成するにすぎないかは重要でない〉と認めざるをえないだろう。

確かに、権威が正統性を持つための条件を、その指令に従うとわれわれが自分たちに妥当する責務に従いやすくなりそうなケースだけに限定するとしても、やはりわれわれは、権威なるものにそのような指令を発する権利を与えるのは何かに関する説明を持っていないかもしれない。つまり、支配する権利という観念の一般的枠組みを持っていないかもしれない(6)。だが私はこのことがラズの理論の弱点だとは思わない。それどころか、誰一人として支配する権利を持たない、正当な権威さえ持たない、と考える方がはるかにもっともらしいと思う。人々に対して何を行うべきかを命ずることは無数の状況下において正当化できるかもしれないが、誰にせよそれを権利の問題として獲得できるかどうかを私は疑う[7]（特定の人物あるいは組織がある権威的役割を占める権利を持つかもしれないということはありうるが、それはまた別の事柄であって、典型的には、手続き上の根拠によって正当化される）。いずれにせよ、これらの細部は重要かもしれないが、われわれの目的にとってここでは重要でない――つまり、通常の正当化テーゼの基本的発想である、実践的権威に関するサービス的理解が、実践的権威の正統性の条件の少なくとも必要条件である――おそらく十分条件ではないが――と認める限り、重要でない。われわれが法の文脈の中で説明する必要があるものは、法が行おうとする種類の規範的命令だ。その内容は、あなたはXを行うべきであり、あなたがそうすべき理由の一部は、法がそう言っているというものである、というものだ。

この命令の第一の部分――あなたはXを行うべきであるというもの――は、〈権威の機能は、権威とは関係なくいずれにせよわれわれに妥当する理由に従ってわれわれが行動することを容易化することにある〉という観念によって説明される。第二の人格相関的部分――法がそう言っているという理由であなたはXを行うべきであるというもの――は、実践的権威のサービス的理解（the service conception）あるいは根拠によって説明される。そこで想定されているのは、〈あなたが自分の行うべきことを独力で判断しようとするよりも、権威の指令に従う方がそれを行いやすいようにするために、権威は存在する〉ということに違いない。この二つの条件だけでは、実践的権威に関する理論が説明しなければならない争点全体を説明するには不十分かもしれないが、少なくともそれらは、法的指令に従うことを理性的責務たらしめるのは何かについて、中核となる発想を与えてくれる[8]。

もしこの一般的な発想が正しいとしたら、法の性質とその規範的性格に関するいくつかの重要な含意が生ずる。第一に、法が持つ権威的性質は、〈法規範は基本的に、ある人格が他の人々の行動を指導するために発する指令である〉という発想にかなりの支持を与える。これは極めて論争的な発想である。それに対する反論は〈法規範はたとえいかなる特別の権威から生じないとしても法的に妥当しうる[＝効力を持ちうる]〉というものだ。この議論には二つの主要なヴァージョンがある。一つの議論はハートがオースティン批判の中で触れたものだが、権威に対する法的拘束の優越に関係する。第二の議論は〈われわれは時として法の内容を推論あるいは道徳的正当化という方法によって引き出すことがある〉という一般的な主張に関係する。後者の反論はなかなか複雑なので、次章でいくらか詳細に論ずることにする。ここでは前者の反論に答えよう。

ハートがオースティンの法命令説に反対して提起した難点の一つは、立法者の権威に対する法的拘束に関係する。もし法が単純に主権者の命令にすぎないとしたら、無数の法域において主権者が法によって拘束されているという事実をわれわれはいかにして説明できるのか？　主権者がある種の法を、あるいはある仕方で法を作る権威を、憲法や他の法は拘束している。もし立法者の権威への法的拘束が存在するとしたら、あらゆる法がそのような権威から生ずるなどとどうして言えるのだろうか？

この議論の基礎にある論点は、〈権威というものは、必要な意味において自己拘束的ではありえない〉というものだと思われる。しかしながら私は自己拘束的権威という観念がばかげているとは思わない。第一に、権威は普通の人物と全く同じように、自分で拘束する決定を行うことができる。[9]（ハート自身が言及している）約束締結はその典型だ。約束を表明する人は、かくしてコミットメントを――自らを拘束し、その将来の行為理由を拘束するコミットメントを――引き受けるのである。[10]

しかしラズのサービス的権威理解が自己拘束的な規範的決定という観念と両立するかどうかをなお

も疑う人がいるかもしれない。思い出してほしいが、その発想は〈権威の意義は行為理由へのよりよい順応を容易にするところにある〉というものである。ここでは、その権威の対象は自らに妥当する諸理由を自分自身で判断して行動するよりも、権威の指令に従う方がそれらの理由に従って行為するだろう、と想定しなければならないのだが、この根拠が権威自体に当てはまるということがありうるだろうか？　言い換えれば、権利は人格相関的な行為理由を生み出すのだが、そのような理由は、生み出される理由と相関的である行為者自体に当てはまるはずがないのだ。

実際には、私はこの反論が妥当するのは人格相関的な理由が専門知識に基づくケースだけに限られると考える。たとえば私の（想像上の）ブローカーは私との関係で専門家であり、それゆえ私は彼女の助言を真剣に受け取るべき理由を持っているが、確かに彼女は彼女自身との関係で専門家ではない。この意味で、人が自分自身に対して権威であると述べることは意味をなさない。しかしすべてのケースがそのような認識に関する考慮を含んでいるわけではない。単純な例を挙げよう。Cという状況においてある調整問題が繰り返し起きて、それを解決する必要がある（つまり、われわれはそれを解決す**べき**である）としてみよう。さらにいかなる解決も自然には生じそうにない、つまり、誰かが決定をしてそれを当事者たちにコミュニケートしない限り生じそうにない、とする。さてこの当事者の一人であるあなたはたまたま、「Cという状況において**われわれは**Xを行う」という決定ができて、他の人々にそれをコミュニケートできる地位にある。そしてもし誰もが従えば、この調整問題は解決される。これは自己拘束的権威の一例となりうる。あなたは他の人々を拘束するのと全く同じ仕方と同じ理由であなたを拘束する権威的決定を行ったのである。権威はその権威自体を拘束する指令を発することがありうるという発想に、内在的にばかげているものは何もない。これらの状況において権威は自己拘束的でありうる。

私はこれが立法者の権威に対する最も普通の法的拘束の主要な根拠だと示唆しているわけではない。立法者の権威への最も一般的な拘束は憲法によるものだ。今日のほとんどの法体系においては、成文憲法がさまざまの機関の立法の権威を定義し、それらの事柄について起きうる論争的ケースを裁定するメカニズムを設立している。憲法の性質の中にはラズのテーゼに反するようなものは何もない。憲法はさまざまの機関の法的権能を定義ししばしばそれらの権能の行使にさまざまの法的拘束を課する、権威的指令である。ある権威が他の権威の権能を拘束することがあるという発想の中に問題となるものは何もない。

結論を述べよう。立法者の権威はしばしば法的に拘束されているが、この事実それ自体は、法は本質的に権威的指令からなっているというテーゼに反するものではない。もしこのテーゼへの深刻な反論があるとしたら、それは反対の方向から——つまり、〈規範が法的に妥当しうるのは、あるべき法に関して推論を行うことによってである〉と論ずる人たちから——来るのである。私はこの反論を次章で詳しく論ずる。

議論を先に進める前に、ここでわれわれの基礎にある想定につきまとう疑問を考えよう。もし法がガンマンの武装集団以上のものでなかったらどうなるか？　法と彼らとの相違は範囲の程度にすぎないのでオースティンは正しかった、ということはありえないだろうか？　ガンマン一人では法にならないが、ガンマンの集団が組織された仕方で行動してある人々に対する支配を維持したら、それは法になりうるのではないか？　そしてもしそうだとしたら、彼らが正当な権威であると主張する必要がないのと同じように、法もまたそのような主張を行う必要がないのではないか？　法は正統な権威であると主張するというラズの洞察は必然的な真理ではない、と主張されるかもしれない。[11] ラズの言うことは大部分の文明化された社会では真かもしれないが、その理由はそれが法だからではなくて、文明社会では一般に統治は道徳的正当性を必要とするとみなされているからにすぎない、というのである。だから問題はこうだ。――ある人々に対するガンマン・タイプの支配はなぜ法ではないのか？

実際にはここに二つの問題があるということに注意しよう。第一に、〈正統性へのもっともらしい主張を何ら持たない純然たるテロルが法とみなされることがありうるか〉という昔からの問題がある。私はこの問題に対する答えを与えようとは思わないが、その理由は大部分、これに答えることは理論的に重要でないと信ずるからだ。社会統制の諸形態の中には法のボーダーライン・ケースがある。体制の中には、それらを法とするような特徴を持っているものもあれば持っていないものもある。ボーダーライン・ケースはボーダーライン・ケース以上のものではない。第二のもっと重要な問題は、〈法それ自体の性質の中に、正当な権威であるという主張を行うことを要求するものがあるか〉というものである。私はこの点ではラズの肯定の答えが正しいと考える。私の理解するところでは、この答えは二つの論点からなっている。その第一は、〈法がその対象と考える人々の行動について何らかの要求を行うときはいつでも、法はその要求を、従うべき責務あるいは義務の問題として課すと称している。法律はいつもそのような仕方で表現されている〉というものだ。第二の論点は、〈この種の責務を理解する唯一の方法は、それを権威的指令の一例として解釈することである〉というものだ。そしてここでの基本的洞察は、ハートが述べたのと同じものである。つまり、もし私があなたにφを行うべきであると命ずるとしたら、私はあなたに妥当する理由に訴えかけているのだが、〈もしそうしなかったら私はあなたに害を加えるだろう〉という理由**だけ**からあなたはφを行うべきであると命ずるとしたら、私はあなたに妥当する理由への訴えかけを放棄したことになる――私があなたに加えるかもしれない危害を避けるべき理由を別にすれば。それゆえ、法に服するとみなされている人々がなすべきことについて、法が変わらずにしているように、命令を発するときはいつでも、法は理由に訴えかけているのだ――人格相関的な種類の理由ではあるが。そして法の文脈においてそのような人格相関的理由を理解する最善の方法は、それを本質的に権威的な理由として理解することである（思い出してもらいたいが、法の権威の正統性を称する法の本質的主張は、全体として、あるいは特定のケースにおいて、真でないとか正当化されないということが常にありうる）。

こうして今やわれわれは、法の規範的性質から私が引き出したい第二の教訓に移ることができる。それは法の規範的性質に関するものだ。法の本質的に規範的な性質に関するラズのテーゼは、われわれが法を拘束するものとみなす理由の基本構造をわれわれに与える。法的責務は、法がそう言っているがゆえにあることをなすべき責務なのだが、それがいかなる意味で可能なのかをこのテーゼは説明する。しかしラズの説はそれ以上のことも行う。それは法的責務と道徳的責務との間の関係についてハートとケルゼンが行った論争の重要な一側面を解決するのである。すでに第1章で述べたように、ケルゼンによれば、道徳的な「べし」と法的な「べし」の相違は「べし」の意味の相違ではなくて観点の相違にすぎない。法の規範性に関するハートの説明は、前章で見たように、完全に還元的である。それは法の説明を社会学的な用語で説明すると主張する。その説明を与えるのはルールの実践理論の詳細である。ハートはこの還元主義のために、〈法的責務と法のその他の規範的側面は道徳や道徳的な行為理由に全然言及せずに説明することができる〉という結論に至る。特定のケースにおいて法的責務に従うべき道徳的理由があるかどうかは、ハートにとっては、法的「べし」の性質と何ら関係しない、純粋に道徳的な問題である。われわれは法的責務について語るとき、基本的に複雑な社会的現実を記述しているのだが、道徳的責務について語るときは、物事がいかにあるべきかに関する判断を表出しているのだ。このようにして幾分大ざっぱに言えば、ハートによれば、道徳的文脈においては（特定の）人々がなされるべきだと**信じている**ことと［本当に］なされるべきこととを区別するのは完全に意味があるが、法的文脈においては、もし当該の人々がφをすべき法的責務があると信じているならば、まさにその事実によって、そのような法的責務が存在する、ということになるだろう(12)。

これは還元の可能性に関する問題を述べる別の方法にすぎないのではないか、と人は疑うかもしれない。ハートが法の規範的言語は（人々の信念と態度に関する）社会的事実に還元されると主張するのに対して、ケルゼンはそのような還元の可能性を否定するように見える。ある程度までこれは真である。しかし私は言いたいが、法の権威的性質に関するラズのテーゼは、ハートもケルゼンも何か重要なことを見逃していたということを示す。法的な「べし」は人々の信念と態度に関する事実に還元されるという点ではかりにハートが正しいとしても、「べし」を法的指令に帰することを理解するためには、人々が信ずる必要があることは何かをやはり説明すべきだろう。

問題は、実践的権威という発想がそのような信念の合理性に構造を与えるということである。ラズのテーゼは還元主義に関する問題を解決しようとするものではない――少なくとも直接的には。それが示すのは、われわれが法的な「べし」をいかに理解できるか、あるいは法が規範的に言っていかにして拘束すると認められるかを知るためには、法の規範的決定としての役割を理解しなければならない、ということだ。権威の正統性の一般的条件が、法的な「べし」を道徳的な「べし」に結びつける枠組みを与える。法が正統な権威を持つという主張が道徳的に保証されるとき、法は道徳的責務を課するのである[1…]。それと同時に、ラズのテーゼはケルゼンが間違っているということも示す。法的な「べし」は、ケルゼンが言うような別の観点から見た道徳的な「べし」のようなものではない。道徳の構造の中には「べし」を権威と結びつけたり、実際に人格相関的理由と結びつけたりするものは何もないのだが、法的な「べし」の方は権威的だから、本質的に人格相関的である。さらに、覚えておられるかもしれないが、法の権威性に関するケルゼンの説明に対する私の不満は、〈それはいかなる根本規範の選択も完全に気まぐれなものとしてしまい、人々が根本規範を受け入れる理由の種類の説明を欠いている〉というものだった。しかし今やわれわれにはそのような理由——問題の法的権威の正統性を認める理由——が存在することがわかった。ある法的権威が正統性の条件を満たすならば、その程度において、人は法の指令を道徳的拘束力（むろん、その分だけ pro tanto の理由であって、すべてを考慮した理由とは限らない）を有するものとみなすべき理由を持つのである。

　それは還元の可能性の問題にどう答えるのだろうか？　私の考えでは、法の権威的性質に関するラズのテーゼはハートの還元主義の枠組みを無傷のまま残す。法の要求は、それが責務であれその他の規範的指令であれ、権威的決定である。さて無論のこと、ある指令が現実に権威によって発出されたか否かは事実、すなわち非規範的事実の問題である。それゆえ、われわれが（1）法は常に権威的指令からなっている、そして（2）誰が法的権威でありそのような権威がいかにして行使されるかは社会的ルールによって決定される、ということを示せる限り、われわれは合法性を非規範的種類の事実に還元する基礎を置いたことになる。（1）を支持するさらなる考慮は次章で論じられる。ここで私が論じたいのは（2）を支持する考慮である。

法の慣習的基礎

法的規範は権威的指令からなると想定しよう。そうするとわれわれが必要としているのは、何らかの法体系の中で**法的**権威とされるのは誰であるかに関する説明だ。認定のルールに関するハートの発想は極めて説得力ある答えを与えるように思われるだろう。法体系が機能しているいかなる社会の中にも、その成員が従っているある社会的ルールがあって、誰が法的権威とされ、いかにしてそのような権威が構成されているかをそのルールが決定するというのである。

しかしながら、これらの社会的な認定のルールの性質とそれらのルールが合法性（legality）の観念を構成する仕方とに関する満足すべき説明はなかなか捉えがたいということが明らかになった。何人かの註釈者は、認定のルールに関するハートの実践説の中には人々——大部分は裁判官やその他の公務員——がなぜそのようなルールに拘束されるのかを説明するものが何もないと指摘してきた。裁判官が認定のルールに従わなければならないのはどうしてか？〈裁判官は自分たちがそれらのルールに拘束されているとみなしている〉という事実を指摘するだけでは、この問いに本当に答えたことにはならない。彼らがそうすることはどうして理性的なのか？

『法の概念』出版から数年後、哲学者デイヴィド・ルイスは社会的なコンヴェンションについて極めて洗練された説明を提出した[14]。ルイスが関心を持っていたのは大部分言語の性質だったが、彼は慣習的規範一般について巧妙な一般理論を与えた。その基本的な発想は、〈コンヴェンションは繰り返し起きる大規模な調整問題（coordination problems）への規範的解決である〉というものだ。調整問題は、何人かの行為者が彼らの相互の行動様式について特定の選好構造を持っているときに生ずる。それは〈環境の特定の集合において彼らに開かれているいくつかの行動の選択肢の中で、どの行為者も、特定の選択肢による行動への自分自身の選好よりも、他の行為者たちに協調する行動へのはるかに強い選好を持つ〉というものである。われわれの生活の中のほとんどの調整問題は、多かれ少なかれ恣意的に選ばれた選択肢に従って行動するという、行為者間の単純な合意によってたやすく解決され、このようにして彼らの間で協調した行動が確保される。しかしながら、特定の調整問題がある環境の集合の中で繰り返して起きると——そして合意が得られにくいと（大部分その理由は関係する行為者が多いことによる）——社会的ルールが発生する確率が極めて大きい。このルールがコンヴェンションである。コンヴェンションは大規模で繰り返し起きる調整問題への解決として生ずるが、それは合意の結果としてではなくて、そのような合意に対する選択肢として、まさに合意獲得が困難あるいは不可能であるケースにおいて生ずるのである。

この新しいコンヴェンション論が知られるようになると、それは認定のルールの性質の説明を与えるかもしれないと気づいた法哲学者たちがいた。認定のルールが社会的なコンヴェンションだとしたら、われわれはルイスの理論の中に、そのようなルールが（他のいかなるコンヴェンションとも同様に）いかにして生ずるかと、それに従う根拠（大規模で繰り返し起きる調整問題の解決）の両方の説明を持つことになる。このようにして認定のルールについてのコンヴェンション理論が生まれ、それはハート自身がその後『法の概念』後記の中で採用しているように思われたものだった。ハートの言によると、認定のルールは「実際のところ、裁判所による法の同定と適用の場面で受容され、実践される限りにおいて存在しうる司法上の慣習的ルールである」。そして彼はつけ加えて言う。「確かに認定のルールは、本書では、慣習的な類型の司法部のコンセンサスとして扱われている」[15]。

しかしながら、認定のルールの性質に関するこの慣習主義的転回は改悪だったと考える法哲学者も多い。たとえばロナルド・ドゥオーキンは、認定のルールなるものは存在しないと論ずる。ハートの法実証主義的な法理解にもっと共感を持つ他の人々は、認定のルールの慣習主義的理解は難点に満ちていて、そのような見解はそれが解決する以上の問題を生み出すと論ずる。だが私はその反対に、いくつかの重要な変更を加えれば認定のルールの慣習主義的説明は健全であるとここで論じたい。

われわれが必要とするその変更を説明する前に、ハートの説に対してドゥオーキンが提起した一層根本的な反論に答えていくらか述べよう。ドゥオーキンは、何が法であるかを決定する際に裁判官やその他の公務員が用いる基準がルールによって決定されるということを否定する。彼はかくして認定のルールが存在するということを否定するのである。しかし私の見るところ、ドゥオーキンの議論はあまりもっともらしくない単一の観察に基づいている。彼はこう主張する。――裁判官は法を同定する際ルールに従っているわけではない。なぜなら裁判官は彼らの法体系における合法性の基準についてしばしば意見を異にするので、認定のルールが存在すると示唆することは意味をなさないか、あるいはそれらのルールは極めて抽象的になるので、それをルールだと言いはるのが無意味になるほどだからである――[16]。

問題はこうだ。ドゥオーキンは認定のルールが存在しないと示すためには、ある法域における合法性の基準に関する裁判官たちの意見の不一致は単に周辺にあるのではなくて、その核心にまで至ると示さなければならないが、これは単純にもっともらしくない。たとえば合衆国の裁判官で、連邦議会の制定法が法であるとか、合衆国憲法はその他の立法に優越するということを真剣に疑う人を一人でも見つけられるだろうか？　もっと重要なことだが、すでに何度も指摘されたように(17)、合法性の基準に関してどれほどの意見の不一致が裁判官たちの間にあると考えられるかについては内在的な限界がある。なぜなら制度的プレーヤーとしての裁判官の役割は、彼らの意見が一致しないと言われる対象であるまさにそのルールによって構成されているからだ。ある人物の裁判官としての役割と権威は認定のルールによって構成される。そもそも裁判官が何らかの法的ルールについて意見を異にする前から、彼らはまず自分たちを**制度による**プレーヤーとして見ることができなければならない。彼らはいわば、精緻な実践の中でかなり構造化された役割を果たしている。裁判官が自分たちをそのようなものとして見ることができるのは、彼らの裁判官としての役割と権威を画定するルールと慣習とが基礎にあるからこそだ。要するに、〈裁判官はしばしば認定のルールの内容について意見を異にする〉という事実を指摘するだけでは、そのようなルールが存在しないと証明することは単純に不可能なのである。その反対に、われわれがそのような意見の不一致を理解できるのも、〈認定のルールが存在して、それが定めるものの中には裁判所システムと裁判官の法的権威がある〉という想定が基礎にあるからだ。

だからわれわれは〈裁判官と法に関係する他の公務員によって大部分従われているルールがあって、それは当該の法体系の中で誰が法的権威であるかを決定する〉という説得的な想定をすることにしよう。これらのルールは慣習だろうか？　もしわれわれがルイスの示唆したように〈社会的コンヴェンションの唯一の根拠は、大規模な繰り返し起きる調整問題への規範的解決にある〉と考えるとしたら、その問いへの答えはおそらくノーだろう。しかし私は、慣習の機能あるいは根拠を調整問題の解決に結びつけることをしない、慣習のもっと一般的な特徴づけを示唆してみたい。

慣習的ルールには二つの主要な特徴が直観的に結びついている。第一に、慣習的ルールは、特別の意味において**恣意的**である。大まかに言うと、もしあるルールが慣習だとしたら、われわれはそれと基本的に同じ目的を達成する別のルールに従うことも可能だったと指摘することができる。第二に、慣習的ルールは当該の共同体の中で**現実に従われ**なかったら通常その意義を失う。慣習的ルールに従う理由は、(当該の集団の中で)他の人々もそれに従っているという事実に基づいている。身近な例をとって、電話に出るとき「ハロー」と言うという、ほぼ普遍的な慣習を考えてみよう。今挙げた二つの特徴の両方が明らかにここに存在する。電話をかけた人に対して自分が受話器をとったということをわからせる表現を持つことには、おそらくある目的あるいは意味があるだろう。しかしむろん「ハロー」という特定の表現の使用は全く恣意的だ。それと似た表現でも同じように役立つだろう——われわれの使う表現が他の人々も使うものである限りは。慣習の意義が簡単に認識できる表現を持つことであるとしたら、人々は規範に従う——その共同体の他の人々も従う表現を使う——理由を持つことになる。そしてもし何らかの理由でほとんどの人々がもはやこの表現を用いなくなったら(最近はそのようだが)、人はもはやそれを使うべき特定の理由を持たないことになる。

慣習的規範が持つこの二つの直観的特徴の両方とも、次の定義によって捉えることができる。

あるルールRは次の条件をすべて満たすとき、そしてそのときに限って慣習的である。

(1)　状況Cにおいて通常Rに従う人々の集団Pが存在する。

(2)　状況CにおいてPのメンバーがRに従うのには、ある理由あるいは理由の結合——これをAと呼ぼう——が存在する。

（3） 他の可能なルールSが少なくとも一つ存在する。それは、もしPのメンバーが状況Cにおいて現実に従ったとしたら、Aは、Pのメンバーが状況CにおいてRではなくSに従うべき十分な理由だったのであり、そしてなぜそうだったかというと、部分的には、RではなくSが一般的に従われているルールだったからである、というものである。

ルールRとSは、状況Cにおいて同時に両方とも従うことが不可能（あるいは無意味）であるようなルールである[18]。

今見たばかりだが、認定のルールに対するドゥオーキンの反論は前提（1）を否定する。しかしわれわれはこの反論が失敗しているということも見たのだから、（1）は真であると想定しよう。そうだとすると、（2）が偽であるということは極めてありそうもない。もし裁判官や他の公務員が、何が法であるかを定めるあるルールに従うとしたら、彼らは確かに理由があってそうしている。しかしながらそれらの理由が一般的に言って何であるかは、時として答えにくい。ハートは認定のルールに関する元来の説明では、認定のルールの根拠は確実性の必要にあると示唆した。人々はいかなるタイプの規範が法の効力を持つかを**同定する**ことができなければならない、とハートは論じた。実際のところ、彼は妥当している法源に関する確定性を与えるという点における認定のルールの長所を、「原始的」な法以前の規範体系と発展した法体系とを区別するファクターとして提示したのだった[19]。ハートはその後『法の概念』への後記の中で、認定のルールを持つことに別の理由をつけ加えたように見える。それは基本的に調整的な性質のものである。

確かに認定のルールは、本書では、慣習的な類型の司法部のコンセンサスとして扱われている。少なくとも英米法においては、認定のルールがそうしたコンセンサスに基礎づけられていることは確かなように思われる。イングランドの裁判官が国会制定法を他の法源に優越する最高位の法源として扱う理由（あるいはアメリカの裁判官が憲法をそのように扱う理由）の一部は、彼の同僚たちが、先輩たちと同様、実際そうしているという点にあることは確実である[20]。

私は両方の説明のいずれにもいくらか疑問を持つ。認定のルールは、われわれの社会において何が法であるとされるかに関する確定性に寄与する。それは本当だが、これはそのようなルールを持つ主要な理由だろうか？　私はそれを疑う。それはちょうど、何が劇場パーフォーマンスを構成するかに関するルールあるいは慣習が存在するのは、われわれがこの種の形態の芸術を他の芸術活動とは別のものとして同定できるようにするためである、と示唆するようなものだ。確実に、劇場とは何かを構成する慣習がもしあるとしたら、それはまず第一にこの種の芸術を持つべき何らかの芸術的理由が存在するからである。私は同様に示唆したいが、もし認定のルールを持つべき理由があるとしたら、それらの理由は、法を持つべき理由と社会の中で法が果たす主要な機能とに極めて密接に結びついているに違いない。法がどうであるかに関する確定性は、法を持つべき主要な理由ではありえない。法を持つべき理由がまず存在するに違いない。それから法に関するあるレベルの確定性も重要になるかもしれないのである。その反対ではありえない。私は〈認定のルールを持つべき理由は社会の中で法を持つべき理由と同一である〉と示唆しているのではない。私の主張は〈認定のルールを持つべき理由は後者の理由と不即不離の関係にあって、（まだ特定されていない）ある仕方では前者の理由は後者の理由の実例である〉というものである。

認定のルールの調整問題的な根拠の方は一層疑わしい。それはハートの著作の中でかなり明白になっている理由による。裁判官と法に関するその他の公務員が、彼らの公務員としての職務において多くの面でかなりの調整を必要とするということは真である。特に、彼らはその法体系の中の他の公務員が従うのと同じルールに基本的に従う必要があるだろう。そして後者の人々は、妥当する法源を同定する際にそれらのルールに従うのである。認定のルールのおかげで、法に関する公務員のさまざまの行為において調整問題の解決が可能になる。それは疑問の余地がない。しかしここでもまた、これが認定のルールの主たる根拠だと示唆することにはほとんど意味がない。すでに述べたように、裁判官が解決する必要のある調整問題を持つためには、まずわれわれが彼らを**裁判官として**同定することができなければならない。われわれはまず裁判官の制度的役割を構成するルールの集合を必要とするのである。要するに、そしてもっと一般的に、われわれはまず法という制度を必要とする。われわれはそれから、規範的解決を要求するかもしれない調整問題をも持つかもしれない。認定のルールの基本的な役割は当該の制度を構成することだ。法体系の根本的な認定のルールは構成的なルール（あるいは、これから見るように慣習）であり、その調整的機能はせいぜい二次的なものにとどまる。

この二つの論点を結びつける認定のルールの慣習的性質に関する文献の中には、かなり驚くべき混乱がある。コンヴェンションの標準的理解はルイスが与えたものであって、それは〈コンヴェンションは調整問題への規範的解決である〉という発想からなっているから、註釈者たちは〈認定のルールがもしコンヴェンションだとしたら、その規範的根拠は調整に関するものに違いない〉という発想に引き寄せられてきた。しかし彼らはまた、〈認定のルールの根拠は、まず法を持つべき理由と密接に結びついているに違いない〉ということもわかっていた。そしてこの二点の結合は多くの人をして〈**法それ自体**の主たる根拠——社会の中で法を持つべき主要な理由——もまた調整に関するものである〉と想定させてきた。[21] 法的慣習主義と呼ばれることになったこの見解はその想定のために説得力を欠いてきた。〈社会における法の主要な機能は調整問題の解決に還元することができる〉という発想を論駁することはあまりにも容易だ。調整問題の解決は複雑なものかもしれないが、社会における法の主要な機能の中の一つにすぎないし、おそらく最重要のものではない。[22]

私がこの混同に言及するのは、部分的には、認定のルールの慣習主義的解釈に対する主要な反論としてしばしば引用されるレスリー・グリーンの法的慣習主義批判がそれに基づいているからである。〈法の権威とその主要な道徳・政治的根拠は、法が調整問題を解決するという機能によっては説明できない〉というグリーンの主張は完全に正しい。[23] しかしこのことが認定のルールの慣習主義的説明を掘り崩すという彼の結論は間違っている。社会における法の主要な機能も、認定のルールの主要な根拠も、ともに調整問題の解決とは大して関係しないのである。

われわれはまだ認定のルールが慣習であるということを示さなければならない。認定のルールの慣習性は第三の条件——そのルールは要求される意味において恣意的であって順守に依存しているか否か、という問題——に決定的にかかっている。だから認定のルールのこの側面に向かうことにしよう。一見するところ、認定のルールの恣意的性質は次の二つの観察によって強力に支持される。第一に、われわれが知っているように、別々の法体系は、たとえ他の多くの側面ではよく似ていても、別々の認定のルールを持っている。アメリカ法の法源の認定に際して合衆国で従われているルールは、たとえば英国法の認定に際して連合王国で従われているルールとは全く異なる。第二に、極めて明瞭な意味において、認定のルールに従うべき理由は重要な意味で順守に依存している。これはハートが『法の概念』の後記の中で正当に強調した点だ。——裁判官や他の公務員が彼らの法体系の中の法源の同定に関するある規範に従うべき理由は、これらの公務員がまさにそれらの規範に従っているという事実と密接に結びついている、というのである。

私は認定のルールの慣習的性質を指示するこの二つの観察のいずれも、論争の余地があるとは思わない。批判者たちが認定のルールの慣習的性質を疑う理由は、［むしろ］そのルールの規範的側面に関するものである。ここでもまた、グリーンは認定のルールの慣習的説明のこの難点を指摘した一人だった。彼のいうところでは、「［認定の］根本的ルールが「単なる慣習」であるというハートの見解は、責務のいかなる観念とも不調和であることをやめない」、だから認定のルールは「裁判官が適用するように法的に拘束されている」法源を示しているという直観とも不調和である[24]。だから問題は次のようなものだと思われる。——認定のルールが必要な意味で**恣意的**だとしたら、〈それらのルールは自らに従うように裁判官や法に関するその他の公務員を義務づけると考えられている〉という事実をわれわれはいかにして説明できるのか？

私の考えでは、われわれは今やこの問題に答えるために必要な道具をすべて持っている。第一に、認定のルールの主たる慣習主義的根拠は調整に関するものであるというグリーンの想定がかりに正しいとしても、そのルールに規範性がありうるかに関して彼が提起した問題には簡単に答えることができる。調整問題の中には、それを解決すべき責務が存在するものがある。もし慣習的な解決が発生したら、関係者はその慣習的解決に従うべき責務を持つだろう。しかしながら私は認定のルールが調整のための慣習だとは考えていないから、この単純な答えをとることはしない。グリーンの問題に対する主たる答えは、認定のルールに従うべき法的責務という観念と、それとは別の、〈裁判官は（あるいは、その点について言えば誰もが）それらのルールによって構成される実践に関与すべき理由を持つか〉という、道徳的あるいは政治的問題との区別に存する。

認定のルールはチェスのルールと同じように、その実践がいかなるものであるかを決定する。いわばそれらのルールはゲームのルールを構成するのである。他の構成的ルールと同じように、それらのルールは、その実践を構成するものを決めるとともに、その中の行動の様式を指令するという、二重の機能を持っている。認定のルールに従うべき**法的**責務は、ちょうどチェスの指し手がたとえばビショップを斜めにのみ動かす――もし動かすとしたら――べき責務のようなものである。しかしながらそのようなルールが指令できないこと、それはそもそもゲームをプレイすることに関する「べし」である。慣習の実践が行為理由を生み出すのは、当事者がそもそもその実践に参加する理由を持つときに限られる。そしてこのことは法にも当てはまる。もしいわばゲームをプレイする「べし」が存在するとしたら、この「べし」が認定のルールから来るとは期待できない。ルールに従ってプレイすべき責務――もしあるとしたら、法に従うべき責務――は道徳的・政治的考慮から来るのでなければならない。法に従うべき理由を、法が何であるかを決定する規範から導き出すことはできないのである。

だから認定のルールの規範性に関するグリーンの疑念に対する私の回答はこうなる。――認定のルールは構成的慣習であって調整的慣習ではないということを一たびわれわれが実感すれば、われわれは〈裁判官はそのルールに従うよう義務づけられている〉という観念には本当は何もユニークなものや特別当惑させられるものはないということがわかる――。裁判官が認定のルールに従うよう義務づけられているということの意味は、ちょうどクリケットの審判がクリケットのルールに従うよう義務づけられているようなものである。いずれの責務も条件つきのものだ。裁判官や審判がそのゲームをプレイする理由を持っていれば、その限りで、それらのルールはゲームの中の彼らの責務が何であるかを単純に決定する。それらのルールが、そのゲームが何であるかを構成するのである。しかしいずれの場合でも、ゲームのルールがそれをプレイすべき理由を構成すると考えることはできない。言い換えれば、内的な（法的）責務はルール自体によって決定され、ゲームを構成するルールはその中の行動様式を指令もするが、ゲームをプレイすべき外的な責務（あるいは一般的に、理由）は、もしそれがあるとしたら、別のもの――ゲームのルールの規範性を基礎として決定されるとは期待できないもの――である。裁判官が、あるいは他の誰にせよ、いわばゲームをプレイする責務を負っているかどうかは、常に別の問題だ。それは道徳・政治的根拠によって決せられるべき問題なのである。

いくつかの結論を要約しよう。ハートの還元主義的プロジェクトは〈法の効力の諸条件は社会的な認定のルールによって決定される〉という発想に基づいている。私はここでこのテーゼの説得的な慣習主義的解釈が可能であると論じた。しかしながら、私は法の規範性に関するハートの還元主義はあまりに単純素朴であって、〈法は正統な権威であると常に主張している〉というラズの重要な洞察によって修正されるべきだとも論じた。法の権威的性質は、法規範を法的権威の発する指令として解釈することを支持する、と私は示唆した。この二つの論点を一緒にすると次の二つのテーゼになる。

（1）法体系が機能しているいかなる社会においても、その社会で法的権威とされるのは誰であるかとその権威がいかに行使されるべきかとを決定する、何らかの社会的慣習が存在する。

（2）法規範は法的権威の指令からなる――それらの権威は（1）の社会的慣習によって同定さ

れ構成される。

これは法実証主義のハートのヴァージョンをいくらか修正したものだと私は信ずる。われわれは次の二つの章でこれらの発想に対して向けられてきたいくつかの重要な挑戦を考慮し、それらの力を査定しよう。次章はテーゼ（2）の詳細な擁護にあてられる。

原注

（1）文献において、しばしばこれらの理由は**内容から独立した理由**と呼ばれている。私はこの表現がいささか混乱を招くと考えるので（なぜならこれらの理由は内容から完全に独立しているのではなく、部分的に独立しているにすぎないのだから）、人格相関的理由という観念を用いることにした。

（2）その分の（pro tanto）責務であり、絶対的な責務、あるいはすべてを考慮しての責務ではない。

（3）ラズはその定式化において責務ではなくて「理由」という言葉を用いているから、私がここで示唆する変更に同意しないかもしれない。

（4）Raz, *The Morality of Freedom*, p. 53.

（5）いずれの反論も、Stephen Darwall, "Authority and Second-Personal Reasons for Acting" によって強力に提出されている。近く公刊される論文 "The Role of Authority" において、Scott Hershovitz はこれらの批判のテーマをさらに展開している。これらの面倒な争点のいくつかに関する私自身の考察は "The Dilemma of Authority" (Social Science Research Network, www.ssrn.com にポストされた原稿）を見よ。

（6）Darwall（"Authority and Second-Personal Reasons for Acting"）は好例を挙げている。たとえＡは専門家の助言に従って家庭の貯金を投資するように道徳的に要請されているとしても、だからといってその専門家がＡの投資を指導する権威を獲得することにはならない。

（7）この趣旨のもっと詳細な議論については Arneson, "Democracy Is Not Intrinsically Just" を見よ。

（8）　ここで用語法について明確化したい。「べし」という言葉は時として「責務」あるいは「義務」という言葉と交換可能なものとして用いられるが、一般的に「べし」はもっと広くルースな用法を持っている。たとえば、われわれはしばしば「べし」を、すべてを考慮した理由を意味して用いる。たとえば「私はこの論文を終わらせるべきだ」と言うときのように。しかし「責務」あるいは「義務」という言葉はそれよりもずっと構造化された狭い観念を示している。「私はこの論文を終わらせるべき責務を負っている」と述べることは、私がそうすべき理由を持っていて、その理由はある仕方で構造化されているということを含意している。それは論文を終わらせるべき理由であり、この理由と対立するある種の考慮を排除する理由等々である。責務の性質に関する十分な説明をここで与えることはできない。たとえば Raz, *Practical Reason and Norms* を見よ。

（9）　この発想はプリコミットメントに関する文献からおなじみのものである。

（10）　私はハートが約束の例に彼自身言及したにもかかわらずこの論点を見逃したのではないかと思う。なぜなら彼はいわゆる約束の実践理論に賛同していたに違いないからだ。この説によると、約束が機能しうるのは、約束という慣習的実践の何らかの形態が社会で通用している場合に限られる。私の考えでは、ハートは〈約束に関する何らかのルールが背景に存在しなければ、約束するといういかなる言語行為もその意義を持つことができない〉と想定していた。しかし約束の実践理論は決して自明ではなくて、何人かの哲学者によってかなり説得的に斥けられてきた（たとえば Scanlon, *What We Owe to Each Other*, chap. 7）。私は自分の *Social Conventions*, chap. 5 の中でこのことをいくらか説明した。

（11）　しかし注意されたいが、歴史的な実例はこの問題を解決しない。われわれが歴史上知っているいかなる過酷な恐怖政体といえども、法は正統性を**主張する**というラズの議論を必然的に掘りくずすものではない。それらの恐るべき政体もその実行者たちも正統性を主張する傾向があった――そのような主張がいかに信じがたい悪質なものであっても。さらに、機能しているいかなる法体系においても――それがどんなに邪悪なものであっても――法はその政体全体の不正さとは独立した価値を持ちうるいくつかの機能を果たすということも忘れてはならない。またそのようなことがないとしてさえも、その社会に法が存在するということは疑わしいかもしれない。法があるかないかのボーダーライン・ケースがあるかもしれないのである。
(12) これはいささか大ざっぱだ。というのは、法的文脈においてさえ、裁判官を含めて誰もが法について間違いをおかすかもしれないという可能性をわれわれは認めるべきだからである。私はこの問題を次章で論ずる。
(13) 私は〈ときに、そして**そのときに限り**（if and only if）〉と言っているのではない。法が正統な権威の条件を満たさないときでさえ法に従うべきあらゆる種類の道徳的理由があるかもしれない。言い換えれば、法が正統性の主張に欠けていても法に従うべき責務は存在するかもしれないのである。この点は政治的責務に関する文献の中で広く認められている。
(14) Lewis, *Convention: A Philosophical Study* を見よ。
(15) Hart, *The Concept of Law* の後記 pp. 256-66.［邦訳：三九〇―四〇六頁。引用は邦訳：三九一、四〇六頁から］
(16) Dworkin, *Law's Empire*, chap. 1. 彼の最近の著書 *Justice in Robes*, pp. 164, 190-96.［邦訳：二〇七―八、二三八―四七頁］でもこの考えが繰り返されている。これはドゥオーキンが述べている別のもっと興味深い主張と混同されるべきではない。それは〈たとえ認定のルールが存在するとしても、それは法の効力に関する問題を解決しない〉というものである。規範はその効力を認定のルールから受け取っていなくても法的に妥当しうる、とドゥオーキンは論ずる。この議論は次章で論ずる。
(17) Hart, *The Concept of Law*, p. 133.［邦訳：二一四―二一五頁にあたるが、p. 113 あるいは p. 153［邦訳：一八五―一八六頁と二四五―二四六頁］の誤りか］
(18) 私は *Social Convention*, chap. 1 の中でこの定義を示唆し、はるかに詳細に述べた。
(19) Hart, *The Concept of Law*, chap. 5.
(20) Hart, *The Concept of Law*, Postscript, p. 267.［邦訳：四〇六頁］
(21) たとえば Lagerspetz, *The Opposite Mirror* と Hartogh, *Mutual Expectation: A Conventionalist Theory of Law* を見よ。ドゥオーキンが**法的慣習［慣例］主義** *legal conventionalism* と呼ぶものの解釈はこれととても似た発想に基づいている。彼の *Law's Empire*, chap. 7. を見よ。

(22) 調整問題は他のタイプの集合行為問題よりもはるかに解決しやすいことに注意せよ。なぜなら当事者間に深刻な利益の衝突がないからだ。

(23) Green, "Positivism and Conventionalism," pp. 43–49を見よ。

(24) Green, "The Concept of Law Revisited," 1697.

訳注

［1］ 章題になっている"convention"には「慣習」「規約」「慣例」「習律」「黙約」などの訳語があるが、本章では場合に応じてかたかなで「コンヴェンション」と表記する以外は「慣習」と訳した。

さらなる文献案内

Green, *The Authority of the State*.

Marmor, *Social Convention: From Language to Law*.

Raz, *Between Authority and Interpretation*.

———, *The Morality of Freedom*. Chaps. 1–4, 7.

Shapiro, "Authority," 382.

第4章　法は道徳によって決定されるか？

法は権威的な指令（directives）から成り立っているという発想は、ここ数十年の間にかなり懐疑的な見方をされるようになっている。多くの法哲学者が、法全体の内容は法的権威によって伝達される内容よりもはるかに多様であると主張してきた。とりわけ、道徳的考慮が時に法とは何かを決定することがあると主張されてきた。このような見解によれば、法の内容は道徳的な（そしておそらく別のタイプの評価的な）推論によって部分的に導き出される。そこで、本章ではこの異論について検討してみたい。法を道徳から切り離すことができないことを論証しようとする、主要な議論のいくつかを詳しく見ていこう。私が示すつもりでいるのは、これらの議論が照らし出すいくつかの重要な洞察があるけれども、最終的には、法の内容が道徳的真理に依存することを証明するのには失敗しているということである。

司法裁量と法的原理

H・L・A・ハートは、法の性質についての自分の見解が、法が尽きる定めにあることを含意すると明確に認識していた。彼は、現行法では解決できないようなケースが法廷に持ち込まれることは避けられないと主張した。法とは、ルールや指令の有限な集合であり、それらのルールは、何らかの法的解決を必要とするありうるすべてのケースについて結果を決定することは決してできない。裁判官は、自分が裁く事案に判決を下さないという選択肢をまず持たないので、決定しなければならない事案のうちいくつかで、その事案を解決するための法を作るか、少なくとも修正することが求められることがある。したがって、このような未解決事案が裁判所に持ち込まれた場合、適用すべき関連法がないため、裁判官が下す判決は法を**適用**したものとは言えない。このような未解決事案の場合、裁判所の判決は法の修正であって、立法府やその他の法的機関によって法律が作られたり修正されたりするのと同じように、新しい法を作る行為である。このような、法は必ず尽きるものであるから、裁判官は司法立法によって新たな法の創造に参加する必要があるという考え方は、**司法裁量**（judicial discretion）原理と呼ばれている。

ロナルド・ドゥオーキンは、ハートの法理論を批判した有名な論文の中で、司法裁量原理には根本的な欠陥があると主張している。(1) ドゥオーキンの主張の要点は単純である。――ハートは、法はルールだけで構成されていると誤って想定していた。しかし、（ハートが想定したような）典型的な司法機関によって制定される法的ルールに加えて、もう一つのタイプの法規範がある。これをドゥオーキンは**法的原理**と呼んだが、こうした法的原理の法的効力は、特定の制定法から引き出されるのではない。法的原理は、命令（decree）によってではなく、道徳的推論を含む推論の過程によって法的効力を得る。

ドゥオーキンの議論を理解するためには、法的原理があるという考えから彼が導き出したがっている主な結論が二つあることを理解するのが不可欠である。それは、第一に、法は尽きることがなく、したがって、裁判官はハートが想定したような裁量を持たないということ、第二に、ハートの言う認定のルールから法的効力を引き出すことができないような独自の部類の法規範が存在するということである。これら二つの結論の根底にあるのは、原理の法的効力は、部分的に、しかし必然的に、道徳に関するいくつかの真理に依存するという考え方である。つまり、ある規範が法的に妥当であり法の一部を形成するということは、部分的には道徳的真理の問題なのである。これらの点について簡単に説明しよう。

ドゥオーキンはまず、法的ルールと法的原理の区別は絶対的なものであると示唆する議論から始めている。ルールは、ある種の「一かゼロか」方式で作用している。——すなわち、ルールが当該の状況に適用される場合には、それは法的結果を決定する。もしルールによって結果が決定されないとしたら、それはそのルールが本当は当該ケースに適用されないためである。これに対して、原理は必ずしも結果を決定するものではない——原理が当該の状況に適用される場合には、事案を一方に決める理由を提供するにすぎない。原理には重さの次元がある。すなわち、原理が構成する理由は、当該の状況下でさまざまな考慮事項に応じて重みを増したり減らしたりする可能性がある。(2) たとえば、ある高速道路の最高速度と、それを超過した場合の交通違反を定めたルールがあるとしよう。私がその高速道路を走るならば、そのルールが明らかに私に適用されるのであり、したがって結果は決まっている。もし私が制限速度を超えれば、私は違反したことになる。ここで、このようなルールと、裁判官が判決においてしばしば採用することのある法的原理——(ドゥオーキンのお気に入りの例を挙げれば)人は自らの不正から利益を得ることを許されるべきではない——とを比較してみよう。法律家なら誰でも知っているように、このような一般原理が法的な結果を決定づけるわけではない。法は、時に人が自ら犯した不正から利益を得ることを認めることもある。(3) このような原理の役割はより微妙なもので、その役割というのは、裁判官やその他の法的機関に対し疑わしいケースや境界線上のケースで一定の決定を下す理由を与えることだ。いわば選択がなされねばならないとして、その選択肢のうちの一つが自らの不正から利益を得ることを許すものであれば、原理はそのような結果を許すことに反対する。しかし、言うまでもなく、原理は人が自分の不正から利益を得る可能性があるすべてのケースにおける結果を、それ単独で決定するものではない。

しかし、哲学者の中には、ドゥオーキンが考えていた区別、つまり二つの異なる種類の法規範の区別が、本当に絶対的なものであるかどうかを疑う者もいた。むしろ、一方では非常に具体的な法規範があり、他方では非常に一般的かつまたは個別的に曖昧な法規範があるという、連続性を持つ、程度の違いであると考える方がはるかに自然かもしれない(4)。自然なことだが、法的ルールがより一般的であればあるほど、それに対する例外や修正が多くなることが予想される。したがって、この考え方によれば、高速道路の制限速度を決定するルールと、人が自分の不正から利益を得ることを許してはならないと規定するルールの違いは、一般性の程度の問題である。前者は非常に具体的な状況に適用され、後者は非常に広範な状況に適用される。後者の一般性を考えれば、法が一般的なルールに対して多くの例外や修正を認めなければならないのは何ら驚くことではない。

ドゥオーキンの区別に対するこの批判の方向性は正しいと思うが、実際のところ、それだけでは彼の主となる議論を完全には崩していない。主となる議論は、ルールや原理が法的効力を獲得する方法に関するドゥオーキンの追加的なテーゼに依存しているからだ。ドゥオーキンは、多かれ少なかれハートや他の法実証主義者が推定する考え方に沿って、法的ルールは典型的には制定行為によってその効力を得ると主張する。しかし、法的原理の方は制定されない。法的原理は、一定の事実と、決定的なこととしては、道徳的考慮に基づく推論から演繹されたものである。これはどういうことだろうか。たとえば、裁判所が既存の法的ルールでは解決できないような問題含みの事案に直面したとしよう。このような場合、裁判官は彼らがよくそうするように、次のような方法で推論することができる。彼らは、関連する法律分野において確立した法（先例、制定法、規則など）の歴史を見て、それら確立したケースの大部分を正当化する最善の道徳的原理は何かを考えようとする。事案に関連する法の総体（body of law）の**最善の道徳的正当化**となる一般原理**が**、目前の事案に関係するであろう法的原理である。言い換えれば、われわれは推論のプロセスによって、ある法的原理が法の一部を形成していると結論づける。われわれは、過去の法によって確立された関連する法的事実を観察することから始め、次に、この法の総体の最善の道徳的正当化を形成する原理を推論しようとする。この推論――部分的ではあるが本質的に道徳的なもの――の結論が、法の一部を形成する法的原理なのである。

これで、なぜドゥオーキンが法は尽きることがないとし、法的原理は認定のルールのようなものから法的効力を得ることができないものだと結論づけたかがわかる。法が尽きることがないのは、法的原理に至るような推論が常に可能なものだからである。裁判官は、直面している事件を現行法では解決できないと考えるときはいつでも、同一のプロセスで解決への道を推論することができる。つまり彼らは常に、そこで関連する法の総体の最善の道徳的正当化とは何かを自問し、この問いに対する答えを形成する原理を目前の事件に適用することができる。(5) 少なくとも、それは裁判所に事件を何とかして決定する理由、法的理由を与えるはずである。だから、常に適用される何らかの法、すなわち、関連分野における過去の判決の最善の道徳的正当化を構成する一般原理が存在するのである。

法的原理は部分的には推論によって導き出されるという考え方は、これらの規範が、ハートが想定していたような認定のルールを参照することで法的効力を得ることができない理由も示している。原理は、権威的機関がそう決めたからといって法の一部になるわけではない。その法的効力は、部分的ながら必然的に、道徳的真理の問題となる。ある原理（Ｐとしよう）が法の一部であるのは、Ｐが実際に過去の法的決定の最善の道徳的正当化となっている場合に限られる。したがって、Ｐの法的効力は、過去の決定の最善の道徳的正当化を構成するものに関するいくつかの真理に依存している。法的効力は、このように部分的に道徳的真理の問題でもある。

ドゥオーキンの法的原理に関するテーゼは、長年にわたって非常に多くの注目を集めてきた。多くの反論や修正がなされてきたが、ドゥオーキンが、特にコモン・ローの伝統における裁判官が困難なケースを解決するために推論する方法や、われわれの法的風景の一部をなす規範の多様性について、非常に重要なことを示すことに成功したことは一般的に認められている。しかし、ハートの法実証主義にもっと共感していた法哲学者たちは、ドゥオーキンが法的原理の存在から導き出したがっていた両方の結論に抵抗した。法的原理があっても法が尽きる可能性があると主張する者もいれば、法的原理は法的ルールとは異なるかもしれないが、その効力はハートの認定のルールに基づいて説明できると主張する者もいる(6)。私はドゥオーキンの議論に対するこの二つの対応にいくらかの疑問を持っている。もしドゥオーキンが、彼が提案するような種類の推論によって規範が法的効力を得ることができるという事実に関して正しいとしたら、彼が導き出した結論は完全に正しいと思われる(7)。したがって、主要な問題は、法的原理があるかないか、ということである。より厳密に言えば、この問題は、ドゥオーキンが述べていることは果たして裁判官が法とは何かを特定する方法なのか、それとも、新たな事案を解決するために裁判官が新たな法を創造したり、少なくとも既存の法を修正したりするための司法的な推論の一形態であると表現した方がよいのか、という問題である。

こんな風に考えてみよう。裁判官は、既存の法の総体では解決できないと思われる事件に直面するときはいつでも、ドゥオーキンの述べるような仕方で解決のための推論を行うとしよう。すなわち、関連する過去の判決の総体を見て、それらの判決を正当化するための最善の道徳的原理を見つけ出そうとするとしよう。彼らはそうした正当化原理を見出したら、それを適用して目の前の事件を解決する。これまでのところ、裁判官が結論を出した原理が彼らの決定以前に法の一部であったことを示すものは何もない。このストーリーは、特定された原理が法の一部になるのは、それを適用する司法判断があったからにすぎないという見解とも同様に両立する。言い換えれば、このストーリーは、ドゥオーキンは、裁判官が法律を修正したり、新しい法を作ったりする一つの主要な方法を単に説明しただけであるという見解と両立する。関連する原理が法の一部になるのは、裁判官がその司法判断によって法律を修正する権限を持っているからである（もちろん、そのような権限を持っている場合に、その範囲内で）。原理を法的なものとして確認する司法判断が下される前は、その原理は実際には法の一部を成していなかった。裁判官がそうだと言ったときに、それを理由として初めて法になるにすぎない。そしてこの解釈は、法は権威的な指令からなるという一般的な考えに完全に合致するものである。

この反論を退けるためにドゥオーキンは、ある原理を法的なものとして確認するに至る司法上の推論は、その判決以前の法がどうであったかについての推論であり、いわば法がどうであるかを発見することを目的とした推論なのであって、私が提案するように、法の変更が迫られる仕方についての推論ではない、ということを示さねばならなかっただろう。しかし、私の知る限り、ドゥオーキンが自分の解釈を裏づけるために提示している唯一の論拠は、司法のレトリックへの訴えである(8)。裁判官は、自分が裁く事案に法的原理を適用するとき、常に法であった原理を適用しただけであり、（道徳的、あるいはその他の）自分が好む新しい原理を考案したわけではないと述べる傾向がある。しかし、このようなレトリックに訴えることには問題がある。第一に、これは諸刃の剣である。裁判官は時に、適用すべき法がないと考えるため、自分の役割は現行法を適用することではなく、新しい法を作ることであると非常に明確に述べている。司法のレトリックを真剣に考えるならば、あなたは自分の解釈に有利なレトリックだけを選ぶことはできない——司法のレトリックはどちらにとっても有利になる。しかし、より重要なことに、問題は裁判官が「自分が見つけた法を適用するだけだ」と言ったとき、そこに至るまでの道のりがどれほど遠回りであったとしても、裁判官が実際に自分の言うことを信じているかどうかを疑うのに十分な理由がある場合が多いということである。これは政治的な問題である。法創造における裁判官の制度的役割は、政治的に論争の的となる問題である。人々は通常、立法府が法律を作り、裁判官がそれを適用することを期待している。裁判官はしばしば目の前の事件に適用する法を作らなければならないが、この事実を認めることは、立法府と裁判所の間の権力分立についての一般的な見解と容易に一致しない。私は、裁判官がしばしば新しい法を作ることは秘密なのだと主張しているわけではない。とはいえこのことは、いわば不都合な真実にあたるものとして広く認識されている。そして、この不都合のために、裁判官は新しい法を作ることを法の適用というレトリックで塗り固めるようにかなりの圧力を受けている。買主の危険負担（caveat emptor）は、司法のレトリックに適用されるべき法的原理である。

それでも、別の解釈——それによって、裁判官が権威的決定でそれらが法規範であると主張するからというだけで原理が法の一部になるような解釈——を支持する何らかの考慮事項はないのか、とあなたは思うかもしれない。このような可能性を考えてみよう。ある裁判所（ここでは米国の最高裁判所を例にとろう）が、現行法では解決できないような難しい事件に直面したとして、その法廷の裁判官たちがドゥオーキンの述べるとおりに反応したとする。しかし、裁判官によって結果が異なると仮定してみよう。たとえば、五人の裁判官がこの事件に関連する原理はMであると結論づけ、四人の裁判官がその原理は実際はNであると結論づけたとする。そして、この状況下では、MとNは互いに排他的であると仮定する。つまり、もし原理Mが適用されるならば、Nではないということになり、その逆もまた然りだ。さらに、多数派が道徳的な間違いを犯したと仮定する。つまり、道徳的に言って、すべてのことを考慮して、原理Nの方が適用されるべきであった。この場合、法はどうなるのか？どんな法律家も、少なくともその判決が後の判決で覆されるまでは、法はMである、と言うだろう。それはよい法ではないかもしれないし、確かに最善ではないかもしれない。しかしそれが法なのだ。そして、アメリカの法制度では、最高裁判所がそのような場合に法を決定する権限を持っているため、それが法なのである。また、裁判所の法的拘束力のある決定は、その法廷の裁判官の過半数が支持するものであることも、法である。

このような例でも、結論は、ドゥオーキンのテーゼが間違っていることを証明することはできない。彼のテーゼによれば、結論は、このケースでは多数派が法的な誤りを犯したということになるはずである。もちろん、その可能性はある。法の性質に関するどんな理に適った理論も、裁判所が法的に誤った判決を下す可能性を認めるべきである。しかし、仮に今回のケースが一回限りの出来事ではなく、一般的なパターンであるとしよう。別の言い方をすれば、われわれがよく知っている法体系とは異なり、最高裁が網羅的に道徳的考慮を誤り、道徳的には最善でもなければ最適でもない原理――関連する法の総体に対し道徳的に最善の解釈をしていないような原理——を支持してしまうような法体系を想定することは確かに可能である。もしあなたがドゥオーキンのテーゼを支持するならば、そうした法体系における法の大部分（少なくとも、人々が法とみなしているものの大部分）は法的に誤っているという結論に行き着くだろう。確かなこととして、法の大部分を法的に誤っているとする理論が、はたして法とは何かを述べる理論なのかどうか、どこかの時点で疑わなければならないだろう。

私は、「道徳的に邪悪な法体系であっても、法は法である」という古くからの議論を繰り返そうとしているのではない。私が念頭に置いている例は、そこまで極端にいく必要はない。つまり、問題となっている法体系が道徳的に邪悪であると仮定する必要はない。この議論は、裁判所が彼らの採用する法的原理の基礎となる道徳的考慮から、いわばほんの少しだけ離れてしまう傾向があると仮定しても成り立つ。ドゥオーキンのテーゼによれば、彼らは依然として法的な誤りを犯していることになる。そして繰り返しになるが、われわれが得た結論からすると、それは法の実質的な部分が法的に間違っているということである。すると少なくともこのことは、そうした結論を伴う理論に反対する理由になるはずである。

包摂的な法実証主義

法の内容は道徳的真理から切り離すことはできないという一般的な考え方は、法実証主義の伝統の中でもかなりの支持を得ている。現代の法実証主義者の多くは、法は権威的な決定だけで成り立っているというテーゼを否定する傾向にある。彼らは、ある法体系において、何が効力を持つ法内容であるか、あるいは何が法的に効力を持つ規範であるかについて、道徳的考慮が影響を与えることは十分にありえると主張する。必ずしもそうでなければならないというわけではないが、確かにその可能性はありえる、と彼らは主張する。この新しいヴァージョンの法実証主義は、**包摂的法実証主義**（inclusive positivism）と呼ばれており、いくつかのヴァリエーションがある。その根底にあるテーゼは、ある法体系において、裁判官やその他の公務員が法とは何かを判断する際に依拠しなければならないさまざまな道徳的考慮を組み込んだ規範を持つことは可能である、というものである。そしてそのような場合には、法は部分的には真の道徳的考慮が必然的にもたらすものだと論じる。したがって、道徳に関するいくつかの真実が、法が何であるかを決定することは少なくとも可能である。

包摂的法実証主義の各ヴァージョンは、道徳を法に組み込むことができる規範の種類について、それぞれ別の見解を持っている。この見解には大きく分けて二つのヴァージョンがあると思う。一つ目は、法は、法的効力に対する道徳的条件を――単にそう宣言することで――明示的に組み込むことができると主張するものだ。身近なところでは、成文化された憲法の条項がよい例となる。たとえばアメリカ憲法には、平等、残虐、デュー・プロセスなどの道徳的概念への言及がある。ドイツ基本法には、あらゆる法は人間の尊厳を尊重しなければならないという重要な規定がある。他にも枚挙にいとまがない。だから、法が、典型的には憲法の文書の中で、法の他の部分の法的効力を明示的に何らかの道徳的真理の条件としているケースがあるように思われる。

包摂的法実証主義の二つ目の、私がより一般的だと思うヴァージョンは、道徳はより深い仕方で、つまり既存の法体系でたまたま普及している**認定のルール**の内容によって、法に組み込むことができると主張している。当該の法的共同体で実践されている認定のルールが、法の一部分の法的効力を特定の道徳的要件や道徳的条件などに依存させるような法体系は、可能である(9)。

最初のヴァージョンは、よりシンプルでわかりやすいが、哲学者の間ではあまり支持されていないように思われる。それにはもっともな理由がある。法律や憲法で道徳的考慮事項が明示されていても、それが本当に、何が法として数えられるかを決める道徳的真理であるということにはならない。それは、「裁判官その他の法公務員は法が何であるかについて権威的決定を下す際に、道徳的考慮事項を踏まえなければならない」ということを意味するだけである。ジョセフ・ラズは、この仕組みを「**指定された権力**（directed power）」という概念で説明した。法公務員は、さまざまな法的帰結を決定する権限を持っているが、多くの場合、この権限は、その法的権限を行使する際に踏まえなければならない考慮事項によって指定されている。ある公的機関は、たとえば、建築許可を与える法的権限を持っているかもしれないが、通常、これは非常に限定された権限であり、法的に指定されたものである。これにかかわる公務員は、許可の付与または拒否において、特定の種類の考慮事項に依拠し、他の種類の考慮事項を除外するように指示されている。たとえば、その公務員は環境に配慮をするかもしれないが、宗教的な配慮はできない。そしてもちろん、法が一定の道徳的配慮を引き合いにして、裁判官を含む公務員の権力を指定することを妨げるものは何もない。

しかし、これらのことは、道徳が法の一部になると示すものではない。たとえば、ある公務員（たとえば、自治体の建築士）が、ある建築物の許可を美的な理由で――たとえば、その建築物が周辺の建物と「美的に不調和」になるだろうという――拒否する法的権限を与えられている場合を考えてみよう。実際、この場合に美学が法の一部になるとか、何が「美しい」かについての真理が法の一部になるとは言いたくないだろう。その公務員の決定は、とりわけ美的な理由によって法的に異議を申し立てることができることは確かだ。たとえば、不満を持った当事者は、建築士の公的決定が美的に間違っているという理由で不服を申立てることができ、そのような不服申立ては成功を収めるかもしれない。これには何ら特別なことはない。公的決定は、経済性、正義、道徳、行政的効率性など、多くの理由で法的に不服を申し立てることができるが、その不服申立てが成功した場合にのみ、つまり、より高い法的権威が成功したと判断した場合に、それは法である。

認定のルールが法的効力の条件として道徳を組み込むことができるという提案は、「包摂的法実証主義の第一のヴァージョンよりも」はるかに興味深く、少なくとも一見もっともらしい。その考え方はこうである。ある共同体において、認定のルールが、制定される法が著しく不道徳でないことや基本的人権を侵害していないことなどの条件を満たす限りで、法の制定についてよく認められた一定の方法を確立している、そうした共同体をわれわれは思い描くことができる。さて、このような認定のルールがありうるならば、道徳的制約が法的効力の条件の本質的部分をなしているように思われる。法は、ある種の道徳的制約を満たす場合にのみ妥当する。そしてこれは、当該集団でたまたま実践されている認定のルールであるからというだけで、そうなるのである。包摂的法実証主義者は、そのような可能性を妨げるものは何もないと主張する。彼らは、少なくとも概念的には可能であると言う。そして、もし概念的に可能であるならば、道徳や正義に関する真理が、法であるものの一部をなすことは可能である。

法実証主義の包摂的ヴァージョンが目指しているのは、ケーキを手に入れると同時に食べること［いいところ取り］なのだと述べるのには、非常にはっきりした理由がある。それは、ある社会における法が何であるかは基本的に社会的なルールによって決定されるという、法実証主義の基本的な考え方に忠実であると同時に、法の内容が時として道徳的真理によって決定されるという、法的推論の性質に関するドゥオーキンの洞察を取り入れることを目的としているからだ。この組み合わせが可能かどうかは、現代の法哲学で大きな論争を巻き起こしたが、[10] この論争は現代分析法理学に悪名を与えることになったかもしれない。そもそもほとんど違いのないことについての枝葉末節な議論になってしまったという印象はぬぐいがたい。私はこの論戦に加わったので、こうした見方を共有できるかどうかは何も言えない。しかし、ここでは包摂的法実証主義の賛否を問う枝葉末節の議論の要約は避け、代わりにいくつかの主要な問題に焦点をあてることが最もよいかもしれない。

第一に、包摂的法実証主義は、認定のルールが社会的コンヴェンション（慣習）であるという考えを捨てなければならない点は、特筆に値する。認定のルールに関する慣習（慣例）主義的な説明は、そうしたルールが規定するものの一部に道徳を組み込むことができるという考えとは簡単には一致しない。この問題を説明するために、全く異なる場面を考えてみよう。われわれはさまざまな社会的行事、たとえば晩餐会などでの適切な行動様式について、一定の慣習［決まり］を持っている。そこで、晩餐会に参加する際には、花やワインなど何かしらのものを持参しなければならないという慣習がある。あるいは、銀食器を使って食事をしなければならない（手で食べてはいけない）というような慣習がある。しかし、晩餐会で道徳的な意味で良く振る舞わなければならないという慣習があるというのは、とても奇妙なことだろう。道徳的によい振る舞いをする理由は、慣習とは無関係に存在する。慣習は行為の道徳的な理由を確立するものではない。慣習は、そこでの社会的規範が諸理由によって十分に決定されない場合に、それを解決するように進化する規範である。もし理由が、そこで対応する規範の内容を完全に決定するならば、その規範は慣習ではない。同じ考えが認定のルールについても当てはまる。もしそうしたルールが社会的な慣習であるならば、それが道徳的な規範を組み込んでいるというのは奇妙なことである。しかし、これは包摂的実証主義に対する決定的な反論にはならない。なぜなら包摂的実証主義は、認定のルールが性質上慣習であることを否定すればよいからである。

先行研究でも広く認識されているもう一つの問題は、包摂的法実証主義と、その擁護者の多くが共有する「法は全般的に見て権威的な制度である」という見解とを両立させるという問題である。周知のようにジョセフ・ラズは、権威ある指令の内容を決定するために、その権威の名宛人が道徳的考慮に依拠しなければならないのであれば、その指令が権威的であると主張することは意味がないと論じた。権威的な解決を求めることの肝心な意味は、名宛人が自分に当てはまる理由を自分で見出す（あるいは行動する）よりも、権威者の指令に従った方がよりよい行動ができると推定されるという一点に尽きる。指令の内容を理解するために、権威が指令を出す際に依拠していたのと同じ種類の理由を名宛人が採用しなければならないのであれば、権威を持つことの肝心な意味が失われてしまうように思われる。この議論から、ラズは包摂的法実証主義とドゥオーキンの法理論の両方とも正しいはずがないと結論づけた。なぜならば、権威が置き換えることを意図していたのと同じ種類の理由に依拠することによってのみ権威が何を命令するかを特定することができるのであれば、実践的な権威を持つことは意味がない、ということを両者とも認識していないからである(11)。

包摂的法実証主義には、ラズの議論に対する二種類の応答が考えられる。一つの考え方は、一つ一つの法規範が権威的な指令として理解されなければならないという一般的な考え方に異議を唱える。もう一つの反論は、法規範が権威的なものとして理解されなければならないことを認めつつも、法が何であるかを決定するために時々道徳的な議論が必要でありえるという考えによって法の権威的性質が何らかの形で損なわれているとラズが仮定するのは間違っていると主張する。どちらのタイプの反論も、先行研究で時には優れた工夫をもって（あるいは、少し行きすぎた工夫をもって、でさえあるかもしれない）擁護されており、私はこれらの複雑な議論をここでまとめようとはしない。そうするのは部分的に、包摂的法実証主義の主な難点は法的原理に関するドゥオーキンのテーゼに関してわれわれが直面したのと同じ難点だと思われるからだ。どちらの見解も、同じ理由で、ある法体系における法の実質的な部分が法的誤りにあたるという可能性を含んでいる。そしてこのことはほとんど意味をなさない。実際、包摂的法実証主義の根拠としては、ドゥオーキンの説明よりもさらに意味をなしていない。ドゥオーキンは、結局のところ、リーガリティが最終的に何らかの社会的ルールに依存することを否定している。実際、次節で見るように、ドゥオーキンは、法が何であるかということと、道徳が法に何を要求するかということとの間に、明瞭な区別が存在することを否定するようになった。だから少なくともドゥオーキンの理論の文脈では、法の真の内容について法的共同体全体が誤解している可能性があるという考えは、理論的にはある程度意味があるだろう。しかし、リーガリティとは究極的には社会的ルールの問題であるという実証主義的な考え方を支持するのであれば、共同体全体がその法を取り違える可能性があるという考え方は、よくてせいぜい神秘的である。

解釈としての法

これまでわれわれは、法の内容が、道徳的真理の問題として、その内容がどうあるべきかについての一定の考慮に依存することがあるかどうかを検討しようとしてきた。その答えが何であれ、少なくとも原理的には、法が何で**ある**かと、何である**べき**かとの間には一般的な区別があると想定した。あるいは、問題Xに関する法律はPであるが、道徳的観点からはQであるべきであり、QはPではないことを必然とする、というのは完全に理にかなっていると考えた。ドゥオーキンは、法の性質に関する最近の著作の中で、この基本的な区別の健全さに異議を唱え始めた。実際、法の解釈的性質に基づいた彼の緻密な議論は、法とは何かと、法は何であるべきかという区別が、われわれが長く想定してきたよりもはるかに明瞭でない理由を示すことを目的としている。ドゥオーキンは、法とは何かということは、**常に**道徳的な考慮を含む価値的考慮の問題であると主張する。ドゥオーキンの主張は非常に複雑であるが、それは法の性質についての議論であるだけでなく、法理論の性質についての議論でもあるからである。次の章で見るように、ドゥオーキンは記述的な法理学、つまり法の性質を記述することを目的とした一般的な哲学理論の可能性をはっきりと退けている。ドゥオーキンの見解では、法理学は部分的に、しかし本質的には、規範的な政治哲学である。法の正当性を道徳的・政治的に正当化することは、法とは何かを説明しようとするいかなる試みにとっても必須なのである。

伝統的な分析法理学へのこうした大きな挑戦の根底には、解釈という概念がある。法はその性質上、徹底的に解釈的であり、この解釈の企て（enterprise）を説明しようとする試みもまた解釈である。ドゥオーキンによれば、この二つのレベルの解釈は表裏一体のものだが、私は段階的に進めなければならないと考えている。この章では、ドゥオーキンがどのようにして法の内容は常に評価／道徳的判断の問題であると結論づけたのかを簡単に説明する。方法論上の課題は次の章で取り上げよう。ドゥオーキンの議論は非常に複雑だが、基本的な考え方は魅惑的なほどシンプルである。そして、それは次のような大枠の議論に要約できる。

（1）いかなるケースにおいても、法が何を要求しているかについてのあらゆる結論は、必然的に解釈の結果である。

（2）解釈とは、本質的には、対象をそれが属する種類またはジャンルの可能な限り最善の例として提示する試みである。

（3）それゆえ、解釈は必然的に価値的考慮にかかわり、それには二種類ある——そのジャンルに内在する価値についての考慮と、それらの価値を最もよく表している解釈対象の要素についての価値的考慮である。

（4）（1）と（3）から、法とは何かに関する結論には、必ず価値的考慮が含まれることになる。われわれが法をどのようなものと考えるかは、当該の法領域に関連する価値についてのわれわれの見解と、それらの価値が検討下にある規範において最もよく例示される方法に常に依存している。

すると明らかに、もし（4）が正しければ、法の内容が実際にどうであるかについての問題と、その内容がどうあるべきかについての問題との間の伝統的な区別を切り分けたままにはできない。法の内容が何であるかを理解する唯一の方法は、その状況下で法が持つべき内容の種類を参照することである。そして、この一般的な考え方が真実であるならば、あらゆる形態の法実証主義は明らかに誤りである。

この大枠の議論には、二つの重要な前提がある。一つは、法の内容に関するすべての結論は、解釈の結果であるということ、もう一つは、解釈の性質とはまさしく、必ず評価的考慮を伴うということである。この二つの前提条件がともに真実であれば、結論（4）が確実に導かれる。最初に断っておくと、私は第二前提には大いに真理が含まれていると考える一方で、第一前提は誤っているため、議論全体としては失敗していると考えている。しかし、この議論がどのように展開するかを見る必要がある。そこで、まず、解釈の性質一般に関するドゥオーキンの見解から始め、それから、それらが法の性質にどのように適用されるかを見てみよう。

解釈とは何だろうか？　それなりに無難な出発点は、ある発話やテクストなどの意味を理解しようとするとき、われわれはそれらを解釈していると仮定することである。解釈とは、典型的には何かの意味を理解しようとすることである。少なくとも普通の会話のようないくつかの文脈では、われわれが関心を持つそこでの重要な意味は、**話者**（またはテクストの著者）があれやこれを言ったり表現したりすることによって意味したことにある。そして、これは法的な文脈でも同じことが言えるかもしれない。マリブを貫く太平洋岸高速道路には、次のように書かれた標識がいくつかある。「飲酒ドライバー、911に通報せよ」。あなたはひとしきり笑った後で、この標識を立てた人は、「飲酒運転をしている人を見かけたら、911に電話して、警察に通報してください」ということを意味していたに違いないと気がつく。酔っぱらったドライバーが911に電話することを期待していたとはとても思えないからね、とあなたは自分に言い聞かせる。それは彼らが意味したことではないのだ。

しかし、多くの文脈において、特に芸術の領域において、そしておそらく社会的実践の解釈の文脈において、解釈とは必ずしも作者や話者が当該の表現やテクストで実際に何を意図していたかを理解する試みではないと広く考えられている。たとえ作者が何を言いたかったのかがわかったとしても、解釈上の疑問が残るかもしれない。また、作者の意図にはあまり興味を持たないかもしれないし、作者がいないことさえあるかもしれない。しかし、そうなると答えるのが難しい問題は、代わりにわれわれが関心を持っているのは何であるのか、というものだ。解釈が作者の意味したことの把握を目的としないのであれば、他にどんな意味が問題となりうるだろうか？　ドゥオーキンはこの問いに対して、構成的解釈という非常に興味深い答えを提示した。

私がこれから議論するように、芸術作品や社会的実践の解釈は原因を問題にするのではなく、確かに本質的な仕方で目的に関わるものである。しかし、ここで問題となる目的は、（基本的な意味においては）作者が抱く目的ではなく解釈者の目的なのである。大雑把に言えば**構成的解釈とは、ある対象や実践に目的を課し、かくして、これらが属すると想定される実践形態や芸術ジャンルの［可能な限り］最善の一例としてこれらを提示することである。**

そして、ドゥオーキンがすぐに明らかにしたように、「解釈者がある慣行や芸術作品を好きなように解釈できることにはならない……実践とか対象の歴史過程や形態といったものが、これらのものに関して有効とされる解釈のあり方を限定するからである(12)」。

解釈の性質について、ここには主に三つの洞察がある。第一に、解釈とは、その対象を、それが属するとされるジャンルの最善の例として、可能な限り最善の光の下で提示しようと努めること、第二に、解釈は本質的にジャンルに依存しており、それはなぜ解釈が必然的に推論の価値評価的な形態であるかを説明するような仕方であること、そして最後に、与えられた対象に対する可能な解釈の限界を定める一定の制約があること。最後の点については、多くの複雑な問題があり、われわれの関心の対象から大きく外れてしまうため、ここでは多くを語ることはしない。私の主な目的は、最初の二つのテーゼを説明することだ。そこでまず、直ちに浮かぶ疑問から始めよう。なぜ最善なのか？　なぜ対象やテクストの解釈は、それを**可能な限りの最善**の光において提示するよう努めるべきなのか？　この重要な問いに対するくわしい論証的な回答を期待する人は、失望するに違いない。ドゥオーキンは自身の答えの手がかりを二つしか示していない。最初の手がかりは、一つの脚注にある。解釈者は解釈の対象を可能な限り最善の形で提示しようと努力しなければならない、とドゥオーキンは主張するが、それというのも「［さもなくば］このときわれわれには、なぜ彼がそのような理解の仕方を主張したのか全くわからないだろう」からだ。[13] もう一つの考え方はもっと直接的ではなく、ドゥオーキンがこの構成的モデルに代わる唯一の選択肢は伝統的な作者の意図モデルであると想定していることに由来する。そこで、この二つのポイントを順に取り上げてみよう。

ドゥオーキンの直感は、おそらく十分明らかなものだろう。たとえば、ある小説について二つの解釈が提示され、そのうちの一つによれば、その小説はよりよい光の下で——つまり、よりよい小説として——現れることがわかるとしたら、その解釈を否定して、それをより悪い光に当てる解釈を優先させることは、かなり無意味であるように思われる。これは、哲学的な議論でもおなじみの直感である。誰かのテーゼを批判しようとするなら、その批判対象を可能な限り最善の形で提示しようとしない限り、自分の批判の正当性を他人に納得させることはできないだろう。もちろん、あなたが解釈しようとするものはすべて価値あるもの、あるいはとりわけ成功したものとして提示されなければならないということではない。しかし、まず最善を尽くそうとしない限り、それが失敗であると人を説得する見込みはほとんどない。

この発見的な（heuristic）想定に代わるものとして，ドゥオーキンが唯一ありうると考えているのが，作者の意図モデルである。このモデルによれば，解釈とは，そのテクストの作者がその意味の諸相に関して持っていた実際の意図・目的などを引き出す試みに他ならない。したがって，テクストの意味は作者が意図したものに尽きるという前提に立てば，当然ながら，テクストを最善の状態で提示するという問題は生じない。よくも悪くも，テクストの解釈は，作者の意図について知ることができるものであれば，それだけで成り立ってしまうのである。もし，よりよい読み方があれば，それは面白い批評になるかもしれないが，テクストの解釈にはならない。だから，解釈の構成的モデルの中心的なテーゼを立証するためには，ドゥオーキンはその明らかなライバルである作者の意図モデルを反駁しなければならないようである。少なくとも，これがドゥオーキンの想定するところである。

ドゥオーキンは作者の意図モデルに対する二つの主要な反論を展開している。第一の議論は，芸術作品の領域における例から直感的な支えを得るもので，芸術家は，通常自分の作品が本来の意図や目的から離れた文化的存在になることを意図しているという事実に基づいている。一度作品が創られたら，芸術家はむしろそれがそれ自体で自立し，いわばそれ自体を語ってくれることを望んでいる。したがって，少なくとも芸術の分野では，作者の意図モデルを適用して解釈しようとすると自己破壊的な結果になることがよくある。テクストは作者が意図したとおりの意味を持つとあなたは考え，作者の意図を探ろうとするが，作者はその意図を無視するようにと意図していたことが判明する。「たまたま，そういうこともあるかもしれない」と言うのはおそらく正確ではない。芸術作品が，少なくともある程度は作者の特定の意図から切り離された文化的存在になることを意図して作られるのが普通だというのは，おそらく芸術の性質，少なくとも現代の芸術の性質にかかわる深いことがらである。

しかし、この議論には二つの重大な問題がある。第一に、芸術作品の領域においてさえ、ドゥオーキンの特徴づけに必然的あるいは本質的なものは何もない。一部の芸術家は、こうした物の見方を単純に共有していないかもしれない。だから、この自己破壊的な議論は、自らの前提を否定してしまうのかもしれない。もしあなたが、作者の意図を無視するべきなのはそれが作者の意図だからだと主張するならば、あなたは自分が依拠する当の意図が存在しないことに気づくかもしれない。つまり、そのテクストの作者は、彼の特定の意図が実際に彼の作品の解釈にとって重要であるべしと望んでいたかもしれないのだ。一体なぜその意図を無視しようとするのか？

より重要なのは、この議論が、芸術家が自らの創作活動に対してとりやすい見方と、芸術の性質の一面とに基づいていることである。しかし、そうすると、この議論を他のケースに拡張できるかは疑問が残る。特に、事実面の前提について論点先取りに陥らずに、この議論を法の領域まで拡張できるかは疑問である。立法者や裁判官のような法的文書を作成する者も、自分たちの意図が考慮に入れられることはないという意図を共有する傾向があると想定してよいのだろうか？　そうであるかどうかは非常に疑わしい(14)。したがって、もし作者の意図モデルに対する一般的な反論があるとすれば、それは別の種類の議論であるに違いない。作者の意図に関する想定に基づいて作者の意図モデルに反論しようとすることは、あまりにも危なっかしいのである。

ドゥオーキンは作者の意図モデルに対して、よりニュアンスに富み、洞察に満ちた別の議論をしている。しかし、それを理解するためには、解釈がジャンル依存的であるということをよりよく理解する必要がある。ドゥオーキンによれば、解釈とは、対象をその種類、つまりその対象が属するとされるジャンルの最善の例として提示しようとするものである。これは、その対象がどのようなものであるか、つまり、それが属するジャンルが何であるかという感覚を最初に持たずに、何かを解釈することは不可能であることを前提としている。一見すると、これは厳格すぎるように聞こえるかもしれない。結局のところ、われわれは、たとえそのテクストが属する適切なジャンルが何であるかがよくわからなくても、テクストや対象の解釈に従事しているように見えることがある。また、ある対象に関して対立する解釈の間で、適切なジャンルへの帰属がまさに争点になることもある。たとえば、ある解釈者はサミュエル・ベケットの『メルシエとカミエ』は戯曲として読むのが最善だと主張し、他の解釈者はこれが実際は小説であると考えるかもしれない。しかし、ドゥオーキンはこうしたことを否定する必要はない。属するジャンルが問題になっている場合でも、たとえば、どちらへの帰属が作品をより優れた文学作品として提示するかを判断しなければならないだろう。言い換えれば、具体的なジャンルへの帰属が明確でない場合、抽象度を上げて、そのテクストがどのジャンルに帰属しているのであれば、より抽象性の高い帰属のよりよい例として――たとえば文学作品として、あるいはそれが疑わしいのであれば芸術作品として――示されているかを判断する必要がある。どの場合であっても、かりに分類が暫定的であったり抽象的であったりしたとしても、解釈しようとするものがどのようなものであるかという感覚を持たなければならない。

ここには、より深い洞察がある。われわれがあるテクストを解釈することができるのは、それがどんな種類のテクストであるかを知っているときだけである。なぜならわれわれはそのテクストの種類あるいはジャンル固有の価値に関する見解も持っていなければならないからだ。何がそのジャンルのテクストをよくして何が悪くするのかがわからないと、われわれはテクストの解釈を始めることさえできない。何が小説をよくする（あるいは悪くする）のかについての見解がなければ、小説の解釈について考え始めることはできないし、詩（あるいはある種の詩）に見出される価値が何であるかについての見解がなければ、詩の解釈もできない。もしあなたがある小説の解釈を提案する場合、小説一般をよいもの、鑑賞に値するものにするのはどのような価値なのかについて、あなたが持っている見解に依拠しなければならない。そうでなければ、なぜあなたが提案するような解釈にわれわれが注目しなければならないのか、なぜその作品のうちで、あなたが指摘する側面に注目し、他の側面には注目しないのかを説明できないだろう。だから、テクストが属するとされるジャンルに固有の価値について何らかの見解を持たなければ解釈は軌道に乗らないというドゥオーキンの主張は、極めて正しいと思う。われわれがそのジャンルに関連づける価値は、部分的に、しかし決定的に、そのテクストについて何を言うのが理にかなっているか、つまり、どのような意味をそれに与えることができるかを決定するものなのである。

しかし、この考察は、解釈における作者の意図をめぐる論争の本当の性質を説明するものでもある。ドゥオーキンが説明するように、

作者の意図に関する学問的な議論は、芸術における価値が何処に存在するのかという問題をめぐる特別に抽象的で理論的な議論として捉えられねばならない……私は、芸術の解釈において作者の意図を重要視する理論が誤りである（あるいは正しい）ことを主張しているのではない。むしろ私の主張は、この理論が誤っているか正しいか、そして、この理論が何を意味しているかという論点……への答えは、なぜ芸術作品に価値があるのか――芸術の表現は何らかの価値を前提としている――という点に関するある種の一層根本的な想定の適正性に依拠せざるをえない、とい

うことである。(15)

これは非常に重要である。たとえば、小説家の特定の意図が小説の意味と関係すると主張する人々は、小説を価値あるものにし、われわれの鑑賞に値するものにするものについて一定の見解をも維持しなければならない。作者が何を達成しようとしたのか、あるいは作者が何を伝えたかったのかを理解することが、小説の意味にかかわる類の考慮事項であると考えるに違いない。それはまた、小説に価値を持たせるものにかかわる類の考慮事項であることを前提としているし、もちろんその逆もそうである。もしあなたが小説家の意図の重要性を否定するならば、それはあなたが小説に価値を持たせるものについて一定の見解を持っているからに他ならない――そしてその見解は、文学の、あるいはおそらく芸術一般のコミュニケーション的側面とつながる価値とは切り離されるものだ。いうまでもないが、ここでは芸術は一例にすぎない。非常に似たような推論が、法令解釈における立法者意図の役割や、憲法解釈の文脈における起草者意図の役割にも当てはまる。そのような意図に従う［敬譲を払う］ことが理にかなっているかどうかは、関連するジャンルのどこに、すなわち立法の権威、あるいは憲法の権威と正統性のどこに価値が存するのかという理論的な議論にも依存するはずである。(16)

したがって、ここまでの結論は、解釈における作者の意図モデルは、構成的モデルの一例または応用としてのみ意味を持つのであって、これと競合はしないというものである。作者の意図に従うことが意味を持つかどうかは、問題となるジャンルに固有の範囲限定的な問題であり、われわれが後者に関連づける価値に依存する。このことは、解釈は常にその対象が属するとされるジャンルの最善の例として提示するよう努めなければならない、というドゥオーキンの指摘を証明するものだろうか？

われわれが、伝統的な作者の意図モデルに対する唯一の代替案はドゥオーキンの構成的モデルであることに同意する場合にのみ、証明することになるだろう。しかしこれは疑問の残る想定である。解釈は、テクストを可能な限り最善の光で示そうと努める必要はない——単に、一定の光で示すよう努めればよいのであり、おそらくあるものよりよく、他のものより悪く、しかし何らかの理由で注意を払う価値がありえるテクストの意味の一側面を強調するような方法で、テクストを示せばよいのである。ドゥオーキンが「最善」にこだわるのは、テクストに最善の光を当てる努力をしない限り、「われわれには、なぜ彼がそのような理解の仕方を主張したのか全くわからないだろう」という想定に由来することを思い出してみよう。(17) しかし、端的に言って、そうである必要はない。なおかつ、そうではありえない。明確にしていこう。ここには二つのポイントがある。一つは、さまざまな解釈における動機と関心について、もう一つは、何が最善なのかに関して、すべてを考慮した上での判断可能性の限界についてである。

まず、動機について説明しよう。ドゥオーキンの想定は、テクストを最善の状態で提示しようと努めない限り、われわれには提示された解釈に注意を払う理由はないだろうというものだが、これは端的に言って正しくはない。われわれは、芸術作品その他の領域で、たとえテクストに最善の光を当てているわけではないとしても、その解釈がなぜ面白くて注目する価値があるのかについて非常に優れた感覚を持っている場合に、多くの解釈になじみがある。たとえば、『ハムレット』の精神分析的な解釈は、他の伝統的な解釈に比べて必ずしも優れているわけではないにしても、非常に興味深く、注目する価値があるだろう。それは単純に、それ自体が興味深い戯曲のある側面を浮き彫りにしているからだ。おそらくそれは、シェイクスピアの作品に対する理解を深めるのを助け、これまで気づかなかった側面を浮き彫りにし、作品の繊細さや豊かさについての理解を深めもするだろう。このようなことは、示された特定の解釈が『ハムレット』を可能な限り最善の状態で提示していると仮定することなく、すべて可能である。そして同じことが、たとえば現代的な設定による『ハムレット』の翻案や、おそらくパロディについてさえも言える。このように、テクストに最善の光を当てる努力をしなければ、なぜその解釈に注目する価値があるのかがわからないという一般的な前提は、単に根拠がない。

他方、動機の問題とは別に、可能性にかかわる問題もある。複数の論者が指摘しているように(18)、ドゥオーキンが主張する「可能な限り最善の光」は、ある作品を価値あるものにしているのは何か、つまり、その作品が属するとされるジャンルの最善の例にしているのは何かについて、あらゆる場合において、すべてを考慮した結果である判断が可能だという前提に立っている。しかし、この前提は、正しくも主張されているように、通約不能性の問題を無視している。芸術作品やその他多くの解釈の対象となりうるものの相対的なメリットについてすべてを考慮した判断を下すことができない場合が多いというのが、こうしたものの評価的次元でかなり一般的である。端的に言って、**最善**というものは存在しないのだ。ある解釈は他の解釈より優れているかもしれないし劣っているかもしれないが、最善と言えるものはない。それは、少なくとも部分的には、価値の比較の一部が通約不能だからである。価値の通約不能性は、ある評価的比較において、AはBよりよいということはなく、かつ、AはBより悪いこともなく、AはBと等しいまたは同等であるとも言えないという事実にある。これは典型的には、AとBが多数の評価次元からなる混合的な財であり、すべてを考慮した判断を可能にする十分に堅固な共通分母を持っていないからである。たとえば、小説は多くの点で価値があり、ある解釈によってある次元でより価値が高くなり、別の解釈によって別の次元でより価値が高くなることがある。多くの場合、あらゆることを考慮した上で、どれがよりよい（あるいは悪い）かを述べることは端的に言って不可能であろうが、それというのも、われわれが知らないことがあるからではなく、そこでかかわってくる比較が本質的に通約不可能であるからである。

もしこれが明白なことであるなら、なぜドゥオーキンはそれを否定するのだろうか（彼は実際にそうしたのだが）。ドゥオーキンの理論の中で、解釈の対象を可能な限り**最善**の状態で——つまり、あらゆることを考慮に入れた上で——提示する可能性に彼をこだわらせるのは何か？　私は、この謎に対する答えは、ドゥオーキンの法理学にあって、彼の解釈の一般理論にあるのではないと考えている。後者は、この問題を含む部分を抜きにしても、完全に意味をなしている。前節で見たように、法的原理に関するドゥオーキンの初期のテーゼは、同じ基本的な考えを前提としている。すなわち、原理が法の一部を構成するのは、それが当該の法の総体の可能な限り最善の正当化をなす場合であると彼は主張した。もし「すべてを考慮に入れた上での最善」がないならば、この考え全体が極めて問題含みになってしまう。というのも、異なる、あるいは矛盾さえする諸原理が、ある想定の下では最善であるという結論に達する可能性があり、そのことはドゥオーキンの説明においても、法は極めて不確定であるという結論に達することになるからである。したがって、ドゥオーキンが、すべてを考慮した上での最善があると想定しない限り、われわれははるばる長い道をたどったあげく結局ハートが正しく、司法の裁量は不可避なのだと理解することになるのである。

それはともかく、ドゥオーキンはある重要な問題について正しいことを述べていると思う。解釈とは本質的に、さまざまな価値的考慮に左右される推論や理解の一種である、という指摘は確かに正しい。何がその種のテクストをよくも悪くもするのかについて、一定の前提を置くことなしに、テクストや対象の解釈を提案することはできない。検討中のテクストにどのような関心を持ち、どのような価値をその種のテクストに関連づけるかについてのある種の評価的な物の見方が、解釈を可能にするものの一部である。しかしこのことは、法の性質と法と道徳の必然的な関係とについてのドゥオーキンの主要な主張をなお証明しはしない。後者は、彼の大枠の議論の第一前提――法とは何か、あるいは法が要求するものは何かに関するあらゆる結論は、何らかの解釈の結果であるというもの――に依存している。言い換えれば、解釈の過程を経ずに単純に法の指示を理解し適用できるということは決してないというのが、ドゥオーキンの解釈的法理論の重要な前提となっている。そして、この前提は、控えめに言っても、問題がある。一般的に言って、これは言語哲学が意味や言語使用についてわれわれに教えてくれることの多くに疑問を投げかけるものだからだ。第6章で示そうと思うが、言語の性質と解釈の遍在性に関するドゥオーキンの前提は維持することはできないのである。しかし、この点に取り組む前に、ハート法理論に対する方法論上の挑戦を検討する必要があり、これが次章のテーマとなる。

原注

(1) Dworkin, "The Model of Rules I," in *Taking Rights Seriously*, chap. 1.
(2) ドゥオーキンは他にもいくつかの違いを指摘しているが（同上）、これらはすべて、法的結果を決定するルールと結果の理由を提供するだけの原理という根本的な区別に伴うものである。
(3) 占有による財産権の時効取得がそのよい例である。
(4) 法学の文献では、この区別は「規則」(rules) と「基準」(standards) の間に引かれる。
(5) この議論を完成させるためには、道徳が尽きないことを前提にしなければならない。しかし、それは論点先取り的な前提にはならない。

（6） たとえば以下を見よ。Raz, "Legal Principles and the Limits of Law"; and Coleman, *The Practice of Principle*, pp. 103-7.

（7） 経緯をより正確に言えば、混乱は部分的に、ドゥオーキンが法的原理に関する彼の最初の論文「ルールのモデルⅠ」において、法的原理が法の一部となる仕方についてそこまで明確でなかったことに起因するというのが公平だろう。彼の議論は数年後、特に *Law's Empire* で明確にされた。

（8） Dworkin, *Law's Empire*, chap. 1 を見よ。

（9） これはコールマンによって提唱されているヴァージョンの包摂的法実証主義である。"Negative and Positive Positivism," および Waluchow, *Inclusive Legal Positivism*.

（10） たとえば参照、Coleman, *The Practice of Principle*, part 2; Himma, "Inclusive Legal Positivism," p. 105; Marmor, "Exclusive Legal Positivism," p. 104.

（11） Raz, "Authority, Law, and Morality".

（12） Dworkin, *Law's Empire*, p. 52.〔邦訳：八九頁〕強調は著者による。

（13） Ibid., p. 421 n12.〔邦訳：一四一頁注12〕

（14） たとえばアメリカの憲法学では、憲法条項に関する起草者の意図の潜在的意義について論争が続いている。多くのアメリカの法学者は、この問題に対する答えは起草者たちの意図についての彼ら自身の意図に依存するというドゥオーキンの見解を共有している。そのため、この論争には多くの歴史的研究が持ち込まれているが、控えめに言っても結論が出るには至っていない。

（15） Dworkin, *Law's Empire*, pp. 60-61.〔邦訳：一〇〇、一〇二頁〕

（16） このことについては、拙著 *Interpretation and Legal Theory*, chap. 8 and 9 において、より詳細に説明した。

（17） Ibid.

（18） たとえば、Finnis, "On Reason and Authority in Law's Empire." を参照。

さらなる文献案内

Cohen, *Ronald Dworkin and Contemporary Jurisprudence*.
Coleman, *The Practice of Principle*.
Dworkin, *Law's Empire*.［『法の帝国』小林公訳、未来社、一九九五年］
Marmor, *Interpretation and Legal Theory*.
Marmor, ed., *Law and Interpretation: Essays in Legal Philosophy*.
Raz, *Ethics in the Public Domain*.［所収論文のうち本章にかかわる論文の邦訳は次の邦訳書に収められている。『権威としての法』深田三徳編、勁草書房、一九九四年］

第5章　法哲学は規範的か？

Ｈ・Ｌ・Ａ・ハートは法の性質に関する自身の理論を「記述的で道徳的に中立的なもの」として特徴づけたことで有名である。[1] ジョン・オースティンやハンス・ケルゼンのようなかつての法実証主義者のように、[2] ハートは、法の性質に関する哲学的説明はあらゆる種類の道徳的言説を避けるように努めるべきであり、それは極めて一般的に適用される法の性質に関する説明——法とは一般的に何かということを説明すること——を目指すべきだと考えた。ここには明らかに二つの想定がある。第一に、時間と場所を超えた異なる法体系の間の変異にもかかわらず、法は人間社会のかなり普遍的な現象であり、まさに本質的もしくは特徴的であるという一定の特色を法は持つということである。第二に、法もしくは法制度の価値に関する道徳的もしくは政治的な判断を形成することなしに、われわれは法の本質的な特徴を識別し、明確にできるという想定である。法とは何かを理解するということと、その価値を判断することとは別の事柄である。

多くの現代の法哲学者たちはこの理論的な願望に疑いを挟んできた。その人たちは法の性質に関する理論は、ハートの法実証主義のように、法の価値にかかわる道徳的・政治的な見解から引き離すことができないと主張する。その人たちが主張するところによると、何が法をより善くさせ、高い評価に値するようにさせるのかということにかかわる特定の見解に依存することなしに、法とは何かということの理解はできない。そのような方法論的見解の最も明らかな例は、ロナルド・ドゥオーキンの近年における法の解釈理論である。ドゥオーキンは極めて明白に道徳的・政治的理論として彼自身の法理論を提示している。『法の帝国』で明確にしているように、彼は法に関する主要な道徳的・政治的問題が「特定の種類の政治的決定を施行する集合的権力の使用を正当化するとはいかなることか？」という強制の正統性についての問題だと想定している。ドゥオーキンによれば、集団的権力の使用の正当化は、法の性質に関する理論の根底にある主要な道徳的問題というのである。そのような理論は何らかの仕方で、法を説明する、つまり道徳的・政治的な問題に答えるというわれわれの実践の解釈を提供することを目的とする。ハートへの他の批判者たちは、この問題における主要な道徳的問題についてのドゥオーキンの見解に必ずしもコミットするわけではないが、その人たちはドゥオーキンの一般的で方法論的な要素を共有する。その人たちが主張するには、ハートの法実証主義ですら究極的には規範的理論であり、なぜならば、ハートの法実証主義は、規範的、つまり道徳的・政治的な根拠でのみ擁護できるからであるというのである。この法実証主義への方法論的な挑戦が、この章の主題を形成する。ハートは極めて正しくて、法の性質の哲学的説明は、法の価値にかかわる道徳的・政治的見解から引き離すことが可能であり、かつ理論的に望ましいということを私は論じる。

規範的法実証主義

法実証主義はその根底となる道徳的関心から引き離すことができないという考えは、「規範的法実証主義」(normative legal positivism) と呼ばれてきた。しかしながら、規範的主張と法実証主義の間の関係に関しては、少なくとも五つのありうる見解がある。それらのすべてが私の擁護しようとしているテーゼに必ずしも対立するわけではない。これらの五つの見解の基本的な説明を与えるために、法実証主義に核となる特定の記述的内容があることを仮定し、それがいかなるものであっても核となる記述的内容はPと表そう。したがって、私が念頭に置く五つの立場は、以下のとおりである。

(1) P(もしくは、Pとほぼ同程度の何か)であるべきである。

「べき」は「できる」を含むという限りにおいて、そのような見解は〈Pは実際に可能性がある――少なくともかなりの程度、実際に具現化できる――〉というテーゼにまたコミットしているであろう。しかし、このヴァージョンの規範的実証主義の主要な焦点は政治的・道徳的領域に向けられている。たとえば、そのような理論によって推奨された善を最も促進させるものこそが法の実践であるがゆえに、法実証主義は自由で民主的な社会において具現化されるべき善いものなのだと論じている。私は、基本的にこれはトム・キャンベルによって提案された見解だと捉えており[3]、キャンベルに従って、私は**倫理的実証主義**と呼ぶ。

(2) Pは事実であり、Pであることが一般的に認識されていれば、道徳的・政治的に善いことである。

私は、これがH・L・A・ハートが支持していた立場だと信じる。彼は法の性質にかかわる一般理論として、法実証主義は基本的に記述的で道徳的に中立であると考えた。しかしながら、ハートはまたPが真であることの一般的・公共的な認識は、架空の神話を夢想することからわれわれを引き離し、それゆえに理論的に正しいだけでなく、また道徳的・政治的にも有益であるという、法に対してより批判的な態度を可能にさせると信じていた(4)。

（3）　Pは事実であり、それは善いことでもある。

おそらく、同じ点でハートはこのような見解を同様に支持していただろう。ただ彼はPを一般的に認識することが道徳的に善いというだけでなく、また、Pの内容の一定の側面が道徳的に善いというだけでなく、Pの内容の一定の側面が道徳的に善いということもほのめかしているようにも見える（後述するように、これは全く正確ではないのだが）。

（4）　法は道徳的に正統性のある制度であるべきである。そして道徳的正統性の条件に合致するためには、Fが事実でなくてはならない。FはPを必然的に伴い、したがってPは事実である。

ドゥオーキンが「法的慣習主義」と呼ぶものの説明は、このような見解の顕著な事例である。『法の帝国』においてドゥオーキンは、法的慣習主義が記述的な結論を伴う部分的に規範的な理論――特定の道徳的・政治的理念を基礎にして、法の性質に関わる結論へと導くと称する理論——だと理解している。私はこの見解を**実質的な規範的実証主義**（substantive normative positivism）と呼ぶ。(5)

（5）Pであるか否かの判断は、規範的で道徳的・政治的な特定の主張に必然的に依存する。

これは法理学の性質に関する方法論的見解である。このようにして、方法論的見解は一般法理学が純粋に記述的であり、道徳的に中立にすることができるというハートの主張に反論する。次に、この見解によると、実証主義とその反対者の間の争いの一部は、必然的に規範的なものになってしまう。そして、もし法実証主義が批判に対して擁護可能ならば、とりわけ特定の規範的主張——道徳的で政治的——に支えられている。

私の目的は、最初の二つのヴァージョンの規範的実証主義が、法実証主義が法の性質に関する記述的で道徳的に中立的な理論であるというハートの主張を脅かさないと示すことにある。三番目の見解は、極めて多義的である——一方では問題を含み、他方はハートが実際に支持していたものであり、問題はない。しかしながら、主として私は規範的実証主義の最後の二つのヴァージョン——実質的なものと方法論的なもの——に焦点をあて、それらは法実証主義の説明としても、その批判としても間違っているということを論じる。

先に進む前に、記述的法実証主義が何を意味しないのか——何が議論の対象ではないのか、最低でも議論の対象とするべきではないのか——ということを明らかにすることが重要である。第一に現代の法実証主義者の多くが繰り返し強調するように、法実証主義は法は善いものであり、法を持ち、成功している法体系を持つべき理由があるということを否定する理論的理由を持たない(6)。法が固有の価値を持つかどうかということは十分論争的であるだろう。だが確かに、実証主義は相当程度に手段的な価値を持つことを推奨し、したがって法を用いる理由が示される時はいつでも、法は道具的に価値があり、道具的に良いものであることを認める。もっと言えば、仮に人間本性、もしくは人間社会の本性が必然的に法を持つようにさせるということが真である場合、法実証主義は法が必然的に善きものだということを認める。もしEはわれわれが必然的に持つ目的であり、LがEを達成するための必然的な手段だとすれば、Lはもはや道具的価値だけがあるものだが、Lは必然的に善い。私は、そのことが事実であると主張してはおらず、法実証主義がそれに反対する理論的理由を持たないというだけのことである。

第二に、法実証主義は法の**内容**が道徳と必然的に重なる部分を持つということを否定する理由を持たない。不道徳あるいは邪悪であろうとも、すべての法体系は必然的にある道徳的に受容可能な内容を持つ、もしくは必然的にある道徳的な善を促進するということは、全くもって事実かもしれない(7)。

最後に、(キャンベルからの)以下の引用を検討しよう。「法理論において、法実証主義は法の概念が道徳に言及することなしに解明でき、道徳的判断に依存することなく(法の内容を決定し)適用することが裁判官の義務であるという見解を一般的にとる(8)」。この主張はどちらも誤解を与えかねないものであり、その理由を明らかにすることは重要である。第一に、私は法の概念が「道徳への言及なしに」解明できるという見解を、法実証主義者が過去に保持していたということを疑っている。法実証主義は法の性質にかかわる見解である。それは、法とは何か、何が法を社会的制御の特別な手段とさせるのか、われわれの実践的推論の中でどのように重要なのか、何がそのような社会的制度にさせているのかということを理解し、説明するということを意味する。どれも法がわれわれの文化に提供する数々の機能と目的に関する莫大な知識なしでは理解することができない。一般的に述べるのであれば、何の目的で存在しているのか――何をすることを想定しているのか――を知ることなしでは、社会実践の理解を始めることすらできない。社会実践または制度に関する本質的機能または根本的理由の理解なしでは、その理論的理解を試みることはまず望めない。法がわれわれの社会で道徳的・政治的機能を持つことを知ることは難しいことではない。それは、とりわけ道徳的・政治的問題を解決するためにあるのである。したがって、道徳的概念を用いず、法が解決すべき道徳的・政治的問題の理解を伴わないような言葉で法を解明しようと試みることは無意味とは言わないまでも、無益であろう。

道徳的問題の理解がそのように依存しているということから、規範的・評価的主張を含む法哲学を必然的に伴うかという問題は別の問題であり、ある程度詳細にわたって後に検討する。しかし、法実証主義は（法の性質に関する説明だと私が理解する）法の概念に関する説明であり、その説明により道徳的な用語や道徳に対する言及を全く含まない言語へと還元させることができる、という想定から議論を始めることは間違いだろう。そのような還元は全くできないし、その反対のことを法実証主義者の誰かが考えているということも私はきわめて疑問である。(9) 話を明晰にするためにもう一度繰り返すと、法の性質を理解するために不可欠な道徳的・政治的概念の理解が、法理学と、特定の道徳的スタンスあるいは道徳的・政治的評価とを必然的に結びつけているということは否定しておきたい。しかし、これは法実証主義が「道徳に言及することなしに」法の性質を説明するという考えと同じではない。(10) この重大な区別については、後でまたさらに述べることになるだろう。

キャンベルからの引用の第二の箇所はまたさらに誤った方向へ導いている。法実証主義は裁判官の道徳的義務に関する理論ではない。何らかの事例で法を適用するという道徳的義務を裁判官が持つかどうかということは、道徳的な根拠に基づいてでのみ答えることのできる道徳的問題である。もっと言えば、正式な司法的役割の中で裁判官が道徳を排除する必要があると提唱する者は、私が知る法実証主義者で誰もいない。司法的役割は道徳的責任からの解放ではない。おそらくここには混乱の源泉がある。すなわち前の章でも述べたように、ハートや他の法実証主義者は、法にしばしば欠缺があり、その際に裁判官たちは手元にある問題の決定のために、もしくはどのように法を変更し修正するのかということを決定するために、裁判官たちの最善の（しばしば道徳的な）判断に依存せざるをえないということを繰り返し強調していた。しかし、ここからは法が実際に明確**である**時、裁判官がその法を適用する**道徳的**義務を持つということは全く導き出せない。裁判官は自明に法的義務を持つだろうが(11)、法的責務に従う道徳的義務があるかどうかという問題は裁判官ですら未決のものであり、通常は道徳的な領域に基づいて決定されるべきである。

倫理的実証主義と実証主義の倫理

当面のところ、法の性質に関する法実証主義の核となる内容は、多かれ少なかれ、前章で示した方針に沿うものである、あるいは少なくとも核となる内容について何らかの同意があると想定しよう。したがって、方法論的な問題は、その核となる内容を規範的なパースペクティブから捉えることができるかどうか、さらにはっきり言うと、ともかくも、必然的に部分的には規範的であるかどうかということである。キャンベルの倫理的実証主義や類似するあらゆる見解に関して、私はここでほとんど何も言うまい。極めて明白なことに、キャンベルは法の性質に関する理論として法実証主義の真理を論じようと表明していない。彼は、法実証主義のあるべき姿と彼が考えるものと一致するような、ある種の法と法実践の理想像を必要とする道徳的・政治的立場を論じている。端的に言えば、倫理的実証主義は政治理論であり、法の性質に関する理論ではないのである。

倫理的実証主義について、唯一注意しなければならない関連点は、倫理的実証主義とここで私が擁護している見解――法の性質に関する理論としての法実証主義は、基本的に記述的であり、道徳的に中立的であるということ――と争っているわけではない、ということである。倫理的実証主義はこの主張を否定しない。なぜならその主張と競合しないからである。「Pであるべきだ」という命題は、完全に「Pということは事実である」[2]という命題と整合的である。Pであることが明らかになるほど、Pであるべきだということに固執することに関心がより失われていくということは、真である。しかし繰り返すが、これはわれわれがここで悩む類のものではない。一般的に言って、記述的命題の真理性は、その道徳的・規範的な推奨における関心には影響を受けない。

H・L・A・ハートが法実証主義の記述的内容を規範的に推奨したこととは、それとは全く異なる。ハートは時折、「それはPという事実であり、そのように認識することがより望ましい」といった規範的主張の類に言及している(12)。ハートは明らかに社会的事実の記述でPが構成されると考えており、しかもそれは、切実なものである。ハートは、法の効力と道徳性が必然的もしくは概念的に接続しないということを認識すればするほど、法を批判的な評価に従わせることがより容易になると信じていた。しかし、ハートが以下のことを考えなかったことに注意することは重要である。それは、法の性質に関する彼の主張の記述的内容が、そうした事実を信じ、それらの重要性を認識することが道徳的・政治的に有益であるという事実に、何らかの形で由来するとはハートは考えていなかったということである。このことはあまりにも非論理的であるがゆえに、当然である。「すべての人がPだと信じることは道徳的に善い」という事実から、Pであるということを導き出せない(13)。

おそらく以下のように、ここでは大きく立ちはだかるもっと一般的な疑念が存在する。それは、提唱されているさまざまな法理論を見ると、法の性質に関するほとんどすべての法理論は著者による規範的な推奨を伴うことが即座に観察されるだろうということである。それらはすべてQという事実であると主張しているように見え、ある意味でそれは善いことであると主張しているようだ。すると、推定される道徳的・政治的アピール、もしくはQの真理を認識することの道徳的優位性によってQが実際には動機づけられているのではないかと人は疑うかもしれない。記述的理論、特に法のような規範的領域に関しては、しばしば著者の規範的な想定によって動機づけられていることを否定することが困難で、そして無意味であろう。しかしここで思い出さなければいけない二つの点がある。第一に、ある意味でそれは一般的に言えることである。つまりそれは規範的な先入観についてだけにとどまらない。結論を支える論証をする前にわれわれは哲学的結論について感じ取っている場合がしばしばある。合理的熟慮は常に、われわれに正しいと見える結論と支える論証または証拠との間で行きつ戻りつする問題解決の過程である。それに対して教条主義の本質は、当初から考慮せずに得られた結論を、反証を考慮して改定しようとしないことにある。批判主義（criticism）と哲学的な精査の本質的な目的は、教条主義への抵抗である。このことはわれわれが望める最善のものである。われわれは、理論的・道徳的先入観を避けることはできないが、われわれはそれらを精査にかけるように常に試みるべきだし、反証を考慮して、常に当初保持していた結論の改訂を望むべきである。

第二に、より重要なことであるが、法理論は特定の知的・政治的背景から広がり、多かれ少なかれ明示的に道徳的・政治的見解によって常に動機づけられるということは、やはり否定できない。たとえば、ジェラルド・ポステマが説得力を持って提示したように、ベンサムの法実証主義は彼の道徳的・政治的な課題の一部を形成し、それはベンサムの功利主義と彼の法改革への熱意によってかなり動機づけられたものだった(14)。同じように、法と道徳の間に関するハートの考察、そして当時の彼の見解に対する議論が、第二次世界大戦後という時代の知的考察によって部分的に形作られていることはおそらく事実である。乱暴に言えば、ナチスの政治体制の明白な合法性とその加害者を事後的に裁くという実践上の必要性が、以下のような深刻なジレンマを引き起こした。それは、法が巨大な悪となりうることを認めることと、そのような道徳的に憎むべき法がともかく法でありうる事実を否定することとの間に生じるジレンマである。ニュルンベルク裁判の法的正当化を探し求める人々にとっては、後者の選択肢はうまい解決法を提供するように見えた。それは、法が巨大な悪となりうることを認めることと、そのような邪悪な法が全く法でないとすれば、ナチスの加害者は、当時順守していた法の下に自身の保護を求められなくなる(15)。

ハートは、その解決法は間違いであり、法は必ずしも正しいわけではない——法は道徳的に憎まれても、なお法である——ということを認識するようになることで、ナチスの政治体制から教訓を得た方が良いと明らかに考えていた。ハートは、これが法理学から学ぶべき重要で切実な政治的教訓であり、合法性が正義や道徳的健全性を保証するものでは決してないという事実に注意を払うことは、道徳的にも政治的にも、より安全な根拠となるはずだと判断していた。そのような見解は部分的にハートの法実証主義を動機づけていたことを私は疑わない。そして、私はこの見解を共有しており、それを認めることに抵抗はない。しかし、このことは、法実証主義が関心を引くあらゆる意味において規範的理論であることも、その記述的内容の真理が規範的な動機づけの真理――それが存在する限りにおいて――に依存することも示すわけではない。

単純化すれば、法の性質に関する記述的理論は真理への主張を伴う。哲学的記述に関する唯一哲学的に妥当する問題は、真理への主張が保証されるのか、されないのか――つまり実際に真であるかどうか――ということである。道徳的、政治的もしくは他のものであろうとも、そのような理論の知的・歴史的背景は理論の内容をよりよく理解する助けにはなるだろうが、それは真理とはかかわらない。Pと主張する動機づけとPの真理性とは別の事柄である。前者は思想史家の仕事であり、哲学者は真理に関心を持たなければならない。

私が言及した規範的実証主義の三番目のヴァージョンであり、ハートの理論におけるもう一つの規範的側面にはさらに問題があるように見える。複数の箇所でハートはPの真理についての一般的な認識が、道徳的に善いだけではなく、同様にPの内容に関する側面が善いとも主張しているように見える。特に問題となるのは、『法の概念』の第5章である。第3章で見たように、法の性質に関するハートの最も重要な主張は、どのような発達した法体系でも一次ルールと二次ルールの結合体であるということである。このテーゼを示した場所である『法の概念』の第5章において、一次ルールだけで構成される原始的法体系の避けられない欠点が二次ルールを加えることによって解消されるために、ハートはそれも善いことだと追加の説明を行っているように見える。したがって、法の社会的機能を提供するという点で、二次ルールの追加は、法をより発展させ、より改善させる。ジェレミー・ウォルドロンとスティーブン・ペリーはこの議論を規範的なものとして理解する。それは「ハートが純粋に記述的な法理学に従事するというハートの主張と矛盾している」とウォルドロンは述べる[16]。ハートの主張は両義的であるがゆえに、誤解しやすい。以下の二つの命題の違いを考えよう。

（1）　Lはxであり、そのことはLを善くする。（L is x, and this makes L good）

（2）　Lはxであり、そのことが良いLにする。（L is x, and this makes it good L）

仮にハートが（1）のタイプの主張を行ったのだとすれば、規範的評価と法の記述との混同に対してわれわれは困惑していただろう[17]。しかし、ハートは明らかに（2）のタイプの主張を行っている。彼の主張は二次的ルールの発展が法をより善い制度——いうなれば、道徳的により正統なもの——にするというものではなく、法としてより効率的にさせるというものである。この主張は、法はそれが何であれ道徳的な価値とは関係なく法であるという主張や、法の機能において低くはない高い効率性を持つことが必ずしも善いわけではないという主張と矛盾しない。言い換えれば、これは問題とされる意味での規範的主張ではない。たとえば、ナイフが鋭いということが、「善い」の何かしらの規範的—道徳的な意味において、ナイフを善くさせるのではない。それは想定上の機能により合致した良いナイフにさせるのみである[18]。

法の本質的な機能もしくは目的に関するどのような見解でも法は規範的になると主張する哲学者がいる。なぜならば、われわれがすでに認めるように、法の性質について妥当と思われる理論は、社会における法の機能に関してこのような主張を避けることができないからである。その哲学者たちは、法実証主義を含めてあらゆる法の性質に関する理論が何らかの規範的想定に基づくと結論づける。ここからは、この主張のいくつかの詳細を検討する。

実質的な規範的法実証主義

ドゥオーキンは『法の帝国』の第4章で、規範的な立場で「慣習主義」(conventionalism) と彼が呼んだ法実証主義の解釈を表明する。しかし、慣習主義についてすぐに発生する一つの問題は、この第4章にほとんどの法実証主義者は自分の立場だと認めないであろうということだ。ドゥオーキンは特定の理論家が慣習主義に帰属するとしないので（この章では誰にも言及していない）、おそらく親切な提案として考案しただけだろう。もしそうなら、われわれは「ありがとう、しかし要りません」と言わなければならない。理由は次のとおりである。

ドゥオーキンが主張するに、「あらゆる実証的な法観念の中核は」、「なぜ過去の政治的決定が現在の権利を確定するのか、という問いに対する返答である[19]」。このことが主要な問題だと仮定した上で、ありうる回答として慣習主義は提示されている。「過去の政治的決定が強制を正当化するのは、強制が行使される機会を、裁判官によって異なった仕方で下されるような新たな政治道徳上の判断に依存するのではなく、あらゆる人々が知ることのできる明瞭な事実に依存することによって、したがって公正な通告を行うときのみである[20]」。

この一連の考えは、法理学の中心問題とは、国家による集団的権力をどのように正当化するのか、過去のある種の政治的決定がそうした強制的な力の行使を正当化するという事実をどのように正当化するか、そしてどの程度まで正当化するかであるというドゥオーキンのテーゼに依拠している。この問題に対する可能な応答として法実証主義は示された[21]。私が見る限りでは、以下がその論証である。

（1）法は正統性を持つ制度であるべきである。
（2）法の正統性の説明のために、なぜ過去の政治的決定が集団的権力の使用を正当化するのかという問題への回答を提供しなければならない。
（3）（2）における問題の回答は、保護された期待という理念によって与えられると法実証主義は主張する。
（4）この種の期待は、法が完全に慣習的な源泉に依拠するときのみ十分に保護されうる。
（5）したがって、法を慣習的な源泉に結びつけることは、法実践の最善の解釈である。

この論証を解読する二つのやり方がある。一つは倫理的法実証主義と呼んだもの——**Pであるべきである**という形式の道徳的・政治的な主張——の一形式と見ることである。したがって、それは、政治理論的パースペクティブ——社会における法の役割や、および道徳的に正統性を持つためにいかに法は実践されるべきかに関しての規定的な説明——から、法実証主義のようなものが推奨されるという主張となるだろう。しかし、すでに私が論じたように、倫理的実証主義は記述的法理学と競合せず、それゆえ倫理的実証主義は記述的法理学を反駁しない。そしてこれはドゥオーキンが頭に描いていたことだと私は全く考えない。ドゥオーキンによって提示された慣習主義は、結局完全に誤っているけれども、法実践に関するありうる**解釈**の一つとしてドゥオーキンによって提示されたものであり、単純に法が実践されるべき方法に関する推奨として提示されたものではない。
しかしその場合、一つの深刻な問題がある。それは、道徳的正統性に関する問題に答えることから記述的な結論にどうやってたどり着くことができるのかという問題である。言葉を変えれば、たとえ推論ステップ（４）までのドゥオーキンの論証に従うにせよ、推論ステップ（５）への移行にはやや謎が残る。仮に（５）が記述的内容を持つことを示しても、それは（４）から導き出せないだろう。**Pであるべきこと**はPであるということを含意しない（（５）が規定的な語句として理解されるのであれば、倫理的実証主義に戻ってしまい、われわれの関心とは無関係になることに注意しよう）。もちろん、以下のように前提（１）を置き換えたなら、それは異なる主張となっていただろう。

（１ａ）　法は正統性を持つ制度である。

そうすると――直接的ではなく、おそらく法の正統性のありうる解釈として――何らかの形で（５）のようなものが導かれるかもしれない。しかし、これは法実証主義が推奨できない種類の前提である。法が道徳的に正統的もしくは正当化された制度であるという前提から始まるどの理論も、おそらくいかなる種類の法実証主義とも関連づけることができない。法実証主義の最も重要な洞察の一つは、法が社会的・政治的な道具であること、そしてそれゆえに善い、もしくは悪い目的に使われる――法は正統的にも非正統的にも使われうる――ということである。もちろん、ある文脈で法は正統性を持つものとする理論を保持できるだろうが、それは決して法の性質についての理論ではない。それは何が善い法もしくは正当化された法を構成するかについての道徳的・政治的理論の一部であり、法とは何かについての理論ではない。

問題を要約する。もし、何が法に正統性を付与するのかという問題から始めるのであれば、法とは何であるかについての結論に達することはできない。法は正統性を持つという前提から始めるのであれば、われわれは、もはや法実証主義の領域（さらに言うなら、記述的法理論など）にはいない。

疑いなくドゥオーキンは、解釈とは何かについての説明、そしてそのような法としての実践の解釈がいかに記述と評価の要素と結びつけているかについての説明を私が見逃していると応じるだろう。この反論については、次節でドゥオーキンの方法論に関する見解を検討する際、すぐに触れることになるだろう。

方法論的議論

『法の概念』の後記において、ハートは法の性質に関する彼の説明が「それは道徳的に中立的でそれを正当化する目的を持たないという点で記述的である。法に関する私の説明に表れる形式や構造を、道徳的もしくはその他の根拠に基づいて、正当化したり勧めたりはしない[22]」ことを再度強調している。私が検討したい方法論的諸議論の結論は、この強い願望は概念的に誤りであり、あらゆる場合においても達成できないとするものである。法の性質に関する何らかの法理学的説明は、法に関する道徳的見解や他の評価的見解を前提とされなければならないというのである。この議論には三つの主要なヴァージョンがある。一つ目は、スティーブン・ペリーによって提示されたもので、法の機能を説明する必然性に基づいている。二つ目の議論は、ドゥオーキン、マイケル・ムーア、そしてウォルドロンによって支持されたもので、その企図と本質的に評価的な前提に焦点をあてる。そして最後の議論は、この四人や他の学者たちによって示唆されているように、法の内的視点と法を理解する上でのその重要性に関するハート自身の考え方に焦点を当てる。私はこれらの三つの議論を順番に考察し、同じような理由でそれらがすべて失敗していることを示す。

機能からの議論

以下の引用は、ペリーの議論を最もよく捉えている部分である。

法理学は概念枠組みを必要とする。困難なことは、妥当に見える複数の方法でデータを概念化できることであり、複数の概念化の中から一つを選ぶことは法の特徴または機能への帰属を必要とするように見えることである。それは、評価的考慮だけでなく、同じく道徳的主張も含むことになる。(23)

私はすでにこの議論の最初の主要な前提を認めている。実際に、社会における法の本質的機能に関する精緻な理解なしでは、そのような複雑な社会実践を法として理解できないことは事実である。ただ一つ残る疑問は、ペリーが示唆するように、法もしくはその特徴の主要な機能や特徴を理解するために、なぜ道徳的主張に携わる必然性があるのかということである。

社会実践を理解することを望み、ハートが示唆するように、その社会実践の大部分は社会的ルールや慣習によって構成されると仮定しよう。ペリーはルールを知ることが実践の説明に十分ではないと仮定する点でペリーは極めて正しい。最低でも、これらの点は理解しなければならない。たとえば、より一般的には、どのようなゲームなのか、ゲームで遊ぶには何が問題となるのかということの理解なしでは、チェスというゲームの理解を望むことはできない。他の事柄の中でも、とりわけ、参加者がゲームに勝つことを目的にすることを理解しなければならない。そのことは、ゲームに勝つ（もしくは負ける）という複雑な観念や、圧勝、快勝、もしくは辛勝などのように微細な区別の理解を意味する。言い換えるならば、法やゲームなどの規範的な社会実践を理解する事実が、その機能や特徴、そしてしばしば行為の理由についての参加者の重要な信念を明確にする諸価値を含まざるをえないことは、確かに真である。言うまでもなく、これらの目的や信念は、批判的な吟味に晒されうる。ある人は、想定上の価値は追求するに値しない、それらは馬鹿げているか道徳的に悪い、またはその実践には代わりに追求する他のより善い価値があったかもしれないと言いたいかもしれない。しかし、この種の批判は、ある批判が追求する、あるいはしないと決めた一つの代案にすぎない。チェスというゲームが何であるかを理解することと、それで遊ぶことが善いことなのかどうかを判断することは、全く別のことである。

たとえば、社会的ルールに関する簡単な機能的説明を考えてみよう。所与の社会Sで、Rと呼ばれる社会的ルールの機能もしくは根拠は、Cという状況下でSの構成員が直面する頻発する調整問題の解決のためであると示すことが可能だと仮定してみる。頻発する調整問題を解決することは、Cという状況下にある社会SにおけるルールRに従う根拠を説明することである。そのような説明は典型的には事実問題、たとえば、関連する状況の性質、人々の実際の信念や選好、それらの事実的な前提を所与とした実践的理性におけるルールの機能もしくは合理性などにかかわるある種の命題に依存している。しかしながら、ここに道徳的主張が隠れていることを見つけることが私には難しい。その説明は、ルールRが存在する調整問題は解決される**べき**問題であること、より道徳的に言えば、その調整問題はRに従う**道徳的正当化**を主張する必要がない。それは与えられた状況や選好のようなものの下で、Ｓの構成員のためのRの機能を説明するのみである。社会実践の機能の記述的説明は、問われている実践を理解する機能ないし目的の道徳的利点あるいは価値に関する特定の見解に全く依存する必要がない。

ペリーの議論は、法のような実践の機能の説明は、「ある種の因果的説明」か、もしくは「法の特性に合致した道徳、すなわち法制度の道徳的目的または価値の一定の理解に基づいている」[24]か、どちらかであるという想定を置いている。しかし、これは明らかに、二つの点で誤った二分法である。第一に、制度の「特徴もしくは価値」が、道徳的である必要はない。数えきれないほどの活動と実践が目的や価値を提供しているが、そうした価値は道徳とは無関係である。十分論証できることだが、法制度の価値や目的が道徳的問題と関係することはむしろ少ない。第二に、これはより重要なことだが、たとえある制度が何らかの道徳的価値を提供していることを示唆したとしても、それらの価値や問題となっている制度で、どのようにそれらの価値を実現するかについての説明は、それ自体で道徳的説明であるわけではない。たとえば、挨拶の慣習の目的とは何かと自問したとしよう。そして、それらの目的は、敬意を表することや知人の大切さという認識を示す必要性と関連すると私が示唆することも仮定しよう。私は、挨拶の慣習の道徳的正当化と呼べるようなものを何も提供していない。このようなやり方で敬意を示すことは道徳的には正当化されない――それは道徳的に追求する価値のある目的ではない――という見解を私は持つこともできるだろう。言い換えれば、仮に道徳的にある実践が正当化できなかったとしても、その実践の道徳的な目的に関する機能的説明が誤っているのではない。そのような説明が誤っているのは、事実問題として、その説明がたまたま偽だったときだけである。

おそらくペリーが依拠する二分法の誤りは、われわれが機能的説明を用いる方法の多義性に由来している。たとえば、有用性という概念を用いる方法を考えてみよう。時に「Xは有用である」とわれわれが言うとき、Xの目的を積極的に推奨する表現を意図する。たとえば、誰かが「携帯電話はとても有用である」というとき、携帯電話が特定の善い目的を提供すると話者が信じる、または含意することを推定するのは自然であろう。しかし、これはどんなときでも必ず事実だとは限らない。たとえば、ナイフの鋭さはナイフをより有用にすると提案することで、われわれはその使用の評価にコミットしているわけではない。鋭いナイフはパンを切るときにより有用であると同時に、また人を殺すときにより有用でもある。端的に言えば、機能的説明は対象の推定上の機能を推奨する説明には必ずしもコミットするわけではない(25)。

解釈からの議論

社会的実践に関する因果的説明か道徳的評価かというこの誤った二分法は、ドゥオーキンの方法論的議論の中にも満ちている(26)。しかし、私はこの誤謬なしで、より明晰な形の議論を提示できると信じる。ジェレミー・ウォルドロンはそのような形の議論を提案しており、それは主に三つの前提に依拠する。第一に、法理学においては、一定の規範的主張が法的かどうか――それらが法の一部分を形成するかどうか――を決めることが中心的問題であるということである。第二に、「なぜ法として認められるかどうかが重要なのかというわれわれの感覚に照らして、それぞれの理論を検証すること」なしには、そのような論争を理解することができない。第三に、ウォルドロンが主張するところによると、この「なぜ」という問題に対する応答は、確実に規範的である。つまり、何が法を善いものにさせ、評価に値するものにさせるのかということに関する特定の見解に依存するはずである。したがって、ウォルドロンは、法理学は必然的に規範的な考慮に依存すると結論づけるのである。[27][28]

これは極めて重要な議論であり、ほぼ納得できる。実際に、私は最初の二つの前提は非常に正当なものと考えている。否定できないことだが、どのタイプの規範的主張が法的なものであり、他はそうでないのかということは、法理学で中心的な問題である。これは基本的に法の効力をめぐる論争が結局どうなるのかということである。われわれは、何が特定の法規範を妥当なものにするかを理解したいと望んでいる。そして私が考えるに、なぜ重要なのか――なぜ何かが法的規範かどうかを問題にするのか――に関する何らかの理解という背景に支えられて、そのような理論的論争を初めて理解できるということにこだわる点でウォルドロンは正しい。そのため、以下のような回答を提案したい。それがなぜ重要かというと、われわれは理論的観察者として、他のタイプの規範や法がいかにあるべきかとは区別された、**法がいかにあるかを理解したい**からである（それは、実践における参加者や法秩序における主体にとって、他の理由で重要になることに注意すべきである。このことはまもなく触れる）。

ところで、あなたは私が一つ先の段階に問題を延ばしたにすぎないと思うかもしれない。われわれが代わりに問うことができる無数の他の問題と対抗して、なぜこの意味で法とは何かを理解することを望むのだろうか？　それは規範的な姿勢ではないのか？　しかし、これは理論的な理解へのあらゆる他の探求よりも規範的であるわけではない。理論的問題は、説明で必要とするものについての特定の前提に関する背景の中で常に生ずる。説明を必要とするものについてのわれわれの感覚は基本的に経路依存的であり、それはディシプリンの歴史、そして理論的もしくは実践的に重要とされるものに関して時を経て集合的に形作られた特定の見解から生ずる。[29] 広く認められるように、相対的重要性に関する何らかの見解は部分的に規範的であるが、このことがウォルドロンの念頭に置く規範性の唯一の意味だったとしても、これは間違いなく自明すぎる。所与の領域の中で、あらゆる理論がこの点では規範的である。しかしながら、ウォルドロンの議論には、われわれは理解の探求という道徳的説明なしで、法的妥当性について述べられた理論の重要性を理解できないという結論を支えるものが何もない。なぜ、法の性質についてのわれわれの関心が、必然的に道徳的考慮に導かれなければならないのだろうか？

ドゥオーキンは、この問いに対して興味深い回答を持ち合わせているだろう。それは、法理学の解釈的性質の強調と、それが解釈しようとする実践の評価的・規範的性質を組み合わせたものである。説明しよう。ドゥオーキンの方法論的議論の結論は極めて単純である。第一に、法理学は必然的に（社会的実践として）法の解釈である。第二に、そのようなすべての解釈は本質的に価値負荷的である。前章で見たように、その性質そのものによって、評価的判断に解釈は必然的に依存する。したがって、法理学は必然的に評価的である。

この推論に異議を唱える方法は、決定的な多義性を不当に利用しているように見えるという理由ゆえに、この推論に異議を唱える一つの方法は、最初の前提を拒絶することである。法の性質のあらゆる哲学的説明は必然的に解釈的であるという主張を、実にもっともらしくさせる「解釈」の広い意味が存在する。しかし、この広く緩やかな「解釈」の意味では、ほとんどの理論的説明は解釈的になってしまうだろう。なぜ猿は他の猿の毛繕いをすることに多くの時間を割いているのかの解明を試みる動物学者を考えてみよう。確かに明らかな意味で、動物学者は猿の行動を解釈しようと試みている。代わりに、ドゥオーキンの**構成的モデル**によって示唆される方向性に従うと、「解釈」はよりもっと狭く理解されうる。さて問題となることは、前者の事例においてはこの広い意味での解釈が必然的に評価的であるということが全く明らかではないためにその点が立証されていなかったということである（動物学者の事例を再度考えてみよう。彼女は何も評価していない。彼女は猿の行動の生物学的な機能を理解することを試みているだけである。彼女はもちろん最善の光の下で猿の行動を示そうと試みてはいない）。しかし、ドゥオーキンが考えるような狭く、部分的に評価的な意味での「解釈」を仮定した場合、法の性質の哲学的説明が必然的に「解釈的」であるということをわれわれが容認しなければいけないということが明らかとはいえない。これは深刻な悩みだと私は考えるが、ここではこれ以上手を広げない。

（多くの）その主要な前提のほとんどを好意的に認めても、ドゥオーキンの議論は失敗している。

前の章で言及したように、解釈に関するドゥオーキンの最も重要な洞察の一つは、解釈のプロジェクトに評価が不可欠だとみなす方法にある。彼が正しく主張するに、当該テクストの属するジャンルに固有の価値観に関する見解を最初に形成することなしに、人はテクストの解釈を始めることすらできない。結局、何が小説の良し悪しを決め、小説をまた他や類似物よりも優れたものにさせるのかということに関して、十分適切な考えを持たずに、小説の解釈をどうやって形成することができるのだろうか？　何がそのジャンルに固有の価値なのかということの一定の見解は、そのジャンルに属するテクストを解釈するどのような試みにも不可欠である。ドゥオーキンが主張するところによると、解釈者は、自らが解釈と称する実践に固有の価値に関して自ら自身の評価的判断を形成しなくてはいけないというのである。ドゥオーキンが主張するに、そのような判断は実践者自身の評価的判断と本質的な違いがない(30)。

しかし最後の論理展開は、少なくとも法のような社会的実践に関しては、それほど平坦なものではない。一定の実践に固有の価値——すなわち、実践の参加者に対して実践を合理化させる価値——についての見解を形成することと、評価的判断を行うことの間には決定的な違いがある。ある人類学者は、特定の儀式は社会的結束を強化するから、その儀式に携わる人々にとって、その儀式は価値あるものだという理論的見解を——社会的団結の価値に関して特定の判断を全く行うことなしで——形成するかもしれない。確かにそれは、人類学者が対象とするものの評価的判断と、ともかくも競合しない。同じように法哲学者は、法的権威の正統性や道徳的価値に関する特定の見解に全くコミットすることなしに、法は本質的に権威的な制度であると示唆して差し支えない。所与の実践を説明する目的や価値に関して理論的見解を形成することは、評価的判断を形成することと同じではない——また前者は後者をまた含意しない。

ほぼ間違いなく、異なる種類の社会的実践の理論的説明は、異なる方法論的制約に直面する。思うに、当の実践の関係者が自分たちの行動を合理化するものとして説明を認識することができないということは、ある種の人間行動に関する因果科学的説明に対して必ずしも不利に作用しない。この点で哲学的説明は異なりうる。おそらく哲学的説明は、少なくとも原則上は、ある側面において実践を説明できるようなものでなければならない。その側面とは、参加者が実践の目的とは何かということを自身に説明するものとして認識できるというものである。そうだとしても、参加者が何らかの判断をする限りにおいて、その説明は参加者の判断と競合する道徳的または他の規範的判断に基づく説明を必要としない。

言い換えれば、価値の把握と価値に関する評価的判断との間には決定的な違いが存在する。価値に対する自身の判断を全く形成することなしに、他者が保持する価値を把握し、価値の目的——価値の妥当性など——を理解することは可能だ。たとえば、カトリックの教義の賛美が反宗教改革のバロック建築の本質的目的を形成したことを、私は理解することができる。それはカトリックの教義（または、その問題におけるバロック様式）を私自身が称賛することを伴わないし、評価的な枠組みについて特定の評価的判断を全く持たない。

なるほど、明確な意味ではこれはそれほど正確ではないかもしれない。われわれの価値の理解は、われわれ自身の過去の経験と概念評価の枠組みによって制限される。人々は、時おり学習によって新しい価値を理解できる。それは相対的に稀な出来事であり、時間と努力をかけなくてはいけないし、学習は成功しないかもしれない。このことは、われわれが全く理解できない異邦人の文化の価値が存在することを意味するのだろうか？　それは必ずしもそうではない[31]。しかしながら、新しい価値を学習することは、われわれがすでに理解しているものやわれわれがすでに親しんでいる価値と関連している。確かにこのことは、われわれの価値を把握しようとする能力はある程度制限され、われわれの経験と文化に依存することを示している。それにもかかわらず、価値の把握と評価的な判断を持つことの区別は、依然として保たれている。われわれの他の文化の価値や実践を理解する能力がわれわれ自身の文化的評価の背景によって制限されているという事実は、必ずしも理解が（問題とされる種類の）判断に至ることを必然的に伴うわけではない。そしてこの区別が保持されるのであれば、社会的実践を理解する試みとして、法理学がなぜドゥオーキンとウォルドロンが想定する種類の道徳的評価に従事しなければならないのかを理解することが極めて困難になる。

内的視点からの議論

解釈からの議論を、一歩先に進めることも可能である。そのことはわれわれが理解しようとする実践が、それ自体として規範的実践――人々の振る舞いを誘導し、行為の理由を形成しようとするもの――であるという決定的な違いを生み出すと多くの法哲学者は主張する。結局のところ、適切な法の説明は「内的視点」、すなわち、実践における参加者の規範的な視点を考慮に入れなければならないという考えを法哲学に導入したのは、ハートである。コミットした参加者、多くの裁判官や他の公務員は、法のルールを行為の理由として捉える。したがってその人たちは、少なくともいくつかの点で、法は価値があり正当化されたものと考える。

これは、議論の余地なく真である。コミットする参加者の視点を考慮することなしに法の適切な理解を達することができないことは真である。そしてまた、コミットする現時点の参加者は、典型的には行為の理由を与える何ものかとして法を捉えている。疑いなく、内的視点は規範的であり、少なくとも道徳的・政治的な意味で部分的に規範的である(32)。しかし、そのような規範的観点の哲学的理解が、価値もしくはそれを説明しようとする規範的想定に対するある立場に、なぜコミットすることになるのか？　それはやはり示さなければならない。なぜ、それは本質的に記述的で道徳的に中立であることができないのか？　第3章を思い起こすとき、ハートの内的視点の主要な論点は、内的視点の重要性を認識することが、その還元的説明を妨げるわけではないことを実際に示すことだった。いかに主体が法的命令を行為の理由として捉えるのかを説明することによって、なぜ法が主体の行動を導くのかということをわれわれは説明できる。そして、評価的パースペクティブを推奨することなしにそれを行うことができる。

特定の個人の熟慮にたとえて考えよう。なぜサラが――たとえば、定期的にロサンジェルス交響楽団のコンサートに行くという――特定の活動に従事するのかということをわれわれが理解したいと仮定しよう。彼女の個人的な視点の感覚を持つことなしに、彼女の行動を理解することは難しいだろう。その視点とは、たとえば、クラシック音楽に関心を持つ理由があるかもしれないし、もしくはただ単純にコンサートホールでの社交に価値を見出すかもしれず、それが彼女は出席する十分な理由を形成するであろうということだ。どちらにしても、彼女の行為の説明は彼女の行為の理由に基づくであろう。しかし、私自身の評価的な視点からそれらの理由を判断する必要があるのだろうか？　サラの推論に関する私の説明は、必然的にすべて評価的判断に依存するのか？　もしくは、いくつかの評価的判断が彼女の判断と競合するのか？　そのような結論を強制するものは何もない。もう一度言えば、これと反対の見解は、価値もしくは評価的推論を保持することと評価的判断を形成することとの間の混乱から生ずるように見える。私がすでに認めたように、われわれが保持できる価値と評価的推論について、いくつかの固有の限界が存在する。ある程度まで、そのようなことを理解するわれわれの能力は、われわれ自身の評価的枠組みと文化的習慣化によって形成・限定される。しかしそれは、あらゆる評価的推論を理解することが判断になることと同じではないし、近いものでさえない。

ドゥオーキンの返答は、推測することが難しくない。サラの推論を説明しようと試みることは、解釈であると彼は言うだろう。然るがゆえに、属する種類のもので最も可能性のある例として、**最善の光の下**、その対象を提示しなければならない。すべてを考慮に入れて、最善の光の下で何かを提示しようとすることは、個人が解釈しようとする判断や推論と競合する種類の評価的判断に必然的に依存する、というのである。ここでドゥオーキンと私は意見を異にする。われわれは別の道を行かねばならない。前章で論じたように、解釈はまさにその性質によって、すべてを考慮に入れた**最善の**光の下、その対象を提示しなければいけないという想定は疑わしい。この決定的な想定がないと、この議論は妥当ではない。そして私は内的視点からの議論に依拠した上で、この側面におけるドゥオーキンの見解を共有する人は少ないと考える。しかしこの場合、彼らはこのギャップを埋めるための代替案を次に考え出さねばならない。

おそらく、次の考え方が助けになるだろう。影響力のある論文の中で、哲学者のW・B・ガリーは、彼が**本質的に論争的**と呼ぶ特定の概念――たとえば、民主主義、芸術、正義のような――が存在し、それによって人々は共有する概念の競合する構想（conceptions）を持つようになると示唆する。民主主義や芸術のように、「法」は**本質的に論争的な概念**であると論じられると仮定しよう。参加者は、法への規範的態度と、法の概念の別々の競合する構想に基づく法的ルールに従う理由を正当化する。仮に法の概念が、多かれ少なかれ、ガリーの分析(33)によって示唆する筋道に沿って、本質的に論争的な概念であれば、そのことは理解できる。そうなると、まさしくあらゆる正義の理論もしくは民主主義論と同様に、いかなる内的視点の説明でも規範的であるということからは、法が規範的にならざるをえないということが帰結するのではないか？　そのような理論は、競合する概念の特定の構想および他の構想と必ず競合する構想の擁護を表明する。

そのような議論を評価するために、何が本質的に論争的な概念であるかをわれわれが思い出すことには価値がある。ガリーによると、五つの条件がある。（1）ある種の価値のある達成を表すことにおいて「価値判断的」(appraisive) でなければならない。(2) その達成は内部的に複雑でなければならない。(3) その価値のあらゆる説明は、そのさまざまな部分や特徴の個々による寄与を参照しなければならない。(4) 認められた達成は、変化する状況の光の下で修正を許容するものでなければならない。そして最後に、(5) それぞれの集団は、集団自体の持つ概念理解が他の集団によって論争的になるという事実を認識している。[34] ガリーの本質的に論争的な概念の事例は、民主主義、芸術、社会正義といったものや、「キリスト教的な生き方」のようなものを含む。法の概念はこのグループに含めることができるのだろうか？

私は違うと考える。なぜならば、関連する点において、法がガリーの意味での「価値判断的」な概念であるということは明らかとはいえないからだ。法の効力の概念と法の効力の条件こそがわれわれの関心の中心点を形成するということを心に留めなければいけない。合法性もしくは法の効力は、基本的に段階的種別概念 (phase-sortal concept) である。たとえば、規範は法的に妥当するかしないかのどちらかである。またそれらは法に属するか属さないかのどちらかである。法の効力は、高い基準または低い基準で、人が達することができるもしくは達することに失敗するという種類の達成ではない。物事は多かれ少なかれ正義に適ったものになりうるし、多かれ少なかれ芸術的にもなりうるが、この種の価値判断は、法の効力にわれわれが帰することができるようなものではない。もちろん、**善**い法の制定は一つの達成であり、ある法は他の法よりも善い——しかし、法の効力それ自体から言えば、そうではない。何らかの善を促進するために善い法は善いのであり、代わりのものよりもさらに法的、いわばより法であるからではない。

私は、人が法を定めることに失敗することを、またある意味で合法性が成功の度合いを認めるということを、否定するつもりはない。（私を含む）法の支配について論じた多くの法哲学者は、人が法を定めることに失敗するいくつかの道筋があるという見解を共有する。(35) 人間の行動を導くという重要な機能を果たすことを可能にするために、法が満たさなければならない一定の条件が存在する。社会的な道具として法が人間の行動を導く能力は、そのような機能を果たすために、特定の内容を考慮することなく、法が保持しなければならないある種の特徴を必要とする。そして次にこの点における成功や失敗は、程度の問題だという意味が次にある。しかしこれは内的視点からの議論と全く関連性がない。第一に、「合法性」が達成の一形式だとすれば、それは、そのこと自体によって、本質的に論争的な概念になるわけではない。第二に、より重要なことだが、これはわれわれがかかわっている合法性の適切な意味ではない。これまで見てきたように、法実証主義とその批判者の間の論争は主に法の効力に関する論争である。つまり、それは主に、法とは何かという問題、そして一定の規範が法的に妥当し、他のものがそうではないとするのは何なのかということに関してである。この点で、「法」は価値判断的な概念ではなく、したがって本質的に論争的なものではない。(36)

そうすると、競合する本質的に論争的な諸構想を参加者と理論家が持つ法の概念とは、一体何なのか？　ある意味で本質的に論争的な概念であるのは、法の概念ではなくて、善い法や正統性のある法という観念である、と私は示唆した。言葉を変えれば、参加者の視点からは、法は正統性を持ち、正当化しなければならないのだ。われわれは自分たちの社会の法の正統性を、配慮すべき極めて善い理由を持っている。その場合、正統性の道徳的・政治的条件とは何か、さまざまな法を他よりも善くまたは悪くするものは何かについて、同じようにわれわれは全く異なる構想を持つ可能性がある。しかし、そのことは内的視点からでさえ、法が本質的に論争的な概念であることを示しているわけではない。

まとめよう。法の性質に関する理論は内的視点を説明しなければならない。それは、どの参加者がいかなる意味で法を行為の理由として捉えているか、そして、そのような理由を理解可能なものとする目的もしくは価値の種類が何かということの意味を説明しなければならない。しかし、それは依然として理解の一形態であり、判断ではない。それらに関する評価的判断を全く挟まずに、われわれは実践的推論のさまざまな形を理解できる。そして、もし、そのような推論に関する判断を形成する必要がないのであれば、法理学は依然として基本的には記述的で、道徳的に中立である。

原注

（１）この章は、拙稿の "Legal Positivism: Still Descriptive and Morally Neutral", p. 683 を基にしており、ここでは修正した形で掲載している。

（２）しかし、ベンサムはそうではない。ジェラルド・ポステマは説得力を持って、ベンサムがこの見解を共有しないということを示している。彼の *Bentham and the Common Law Tradition* を参照。

（３）Campbell, *The Legal Theory of Ethical Positivism* を参照。

（４）Hart, *The Concept of Law*, pp. 205-6.［邦訳：三一九―三二〇頁］を参照。もし私がマコーミックを正しく理解しているのであれば、これは彼が "A Moralistic Case for A-Moralistic Law?" の中でも行っている主要な論証の一つである。しかしながら、複数の箇所でマコーミックは三番目のタイプの論証を推奨しているように見える。

（５）この見解は、倫理的法実証主義とどのように異なるのかと思う人もいるかもしれない。このことについては「実質的な規範的法実証主義」と題した節で、私は説明しようと試みている。

（６）たとえば、Gardner, "Legal Positivism: 5 1/2 Myths" を参照。

（７）なぜ、必然的か？　その考え方は、完全に邪悪で、価値あるものを全く促進しない体制や事実上の権威は、法秩序として認められない——いわば法として単純に機能しない——というものになるだろう。この論証については不確かだが、私はここで擁護することを全く望まない。粗雑な一般化として、それは偶然的な真理であり、必然的なものではないと私は考えやすい。

(8) Campbell, *Legal Theory of Ethical Positivism*, p. 69.

(9) ただし、オースティンは例外かもしれない。

(10) 「道徳に言及すること」が、道徳的な判断や評価への依存を意味しない限り、は。

(11) ただし、必然的ではない。法が明確であるときさえ、裁判官は今取り扱っている特定のケースにそれを適用する法的義務を負わないかもしれないし、彼らはさらに法を変更する法的権限を持っているかもしれない。

(12) たとえば、ハートの *The Concept of Law*, pp. 205-6.〔邦訳：三一九―三二〇頁〕と、彼の *Essays in Jurisprudence and Philosophy*, pp. 72-78.〔邦訳：八一―八二頁〕を参照。

(13) Pが記述的命題の集合であると仮定したことに注意しよう。この部分で、マコーミックが"A Moralistic Case for A-Moralistic Law?"の中で、すべての人がPと信じれば道徳的に善いという理論からPを推論するという間違いを実際におかしたことを想起するかもしれない。しかし、彼が記述的命題を構成するものとしてPを捉えたと一概に言うことはできない。言葉を換えれば、倫理的実証主義の改善した形として、彼は倫理的実証主義の一形態を提唱したと解釈することはできる。

(14) Postema, *Bentham and the Common Law Tradition* を参照。もっと言えば、ベンサムが「現にある法」(law as it is)の説明と法をより有用で有益にすることにかかわる彼の議論との間の区別について十分に注意していたということは全く明らかではないとポステマは論じる。

(15) この種の懸念は、ベルリンの壁の崩壊と当時の枠組みの法秩序に従って、西側への逃亡者を「射殺」したとされる旧東ドイツの警備員を訴追したことで、再浮上した。

(16) Waldron, "Normative (or Ethical) Positivism", p. 429. また、ペリーの"Hart's Methodological Positivism", 323ff も参照。

(17) しかしながら、このケースでさえ、その主張の正確な内容に多くを依存している。私が先に示したように、法実証主義は法が必然的に善いという主張と両立する。
(18) 法の支配という徳に関するフラーのテーゼに対する応答において、ハート自身は、機能的な価値が、問題とされる意味において必ずしも道徳的もしくは規範的ではないということを極めて明確にしている。彼の *Jurisprudence and Philosophy*, pp. 349-50.［邦訳：三九五―三九六頁］を参照。私はこのことによって、法の支配という徳が純粋に機能的だとするハートの見解の推奨を全く意味していない。実際に、*Law and the Age of Pluralism* の第1章にあたる "The Rule of Law and Its Limits" で私はこの見解を批判した。
(19) Dworkin, *Law's Empire*, p. 117.［邦訳：一九四―一九五頁］
(20) Ibid.
(21) Ibid, p. 114.［邦訳：一九〇―一九一頁］
(22) Hart, *The Concept of Law*, 2nd ed., p. 240.［邦訳：三六〇頁］
(23) Perry, "Interpretation and Methodology in Legal Theory", p. 123.
(24) Ibid. p. 114.
(25) ペリーの議論に焦点を合わせてはいないが、ジュリー・ディクソン（Julie Dickson）は、彼女の *Evaluation and Legal Theory* の中で、この方法論的挑戦に対抗する極めて似た筋道の推論を展開している。
(26) Dworkin, *Law's Empire*, p. 64.［邦訳：一〇六―一〇七頁］
(27) Waldron, "Normative (or Ethical) Positivism", p. 420.
(28) Ibid. ある点で、ウォルドロンは彼自身を不必要に制約しすぎている。この議論は「規範的な形式で実証主義的な法理学を行うためには、人は法を「善いもの」として捉えなければならない」（p. 428）という見解にコミットすると考えており、彼はこれが強すぎないかどうかを正しくも疑問に持っている。しかし、この強い見解に彼がどのようにコミットするのか私は全くわからない。この議論が彼にコミットさせる点（おそらくドゥオーキンの議論に反対するものとして）は、規範的実証主義は何が法を善くまたは悪くさせるのかについての特定の見解――他の規範的主張から法的なものを区別することがなぜ重要なのかを説明する見解——を持たなければいけない、と言うだけのことである。これは法を善きものとして捉えることと同義ではない。法が実際に悪いものだと誰かが考えていると仮定しよう。このことは、何が法ではなく何が法であるのかということを区別するように努める、極めて正当な理由になるだろう。

(29) たとえば、Raz, *Engazing Reason*, p. 159 を参照。

(30) Dworkin, *Law's Empire*, p. 64.〔邦訳：一〇六―一〇七頁〕極めて酷似した点はウォルドロンの“Normative (or Ethical) Positivism” pp. 425-426 で指摘されている。

(31) たとえば、Raz, *Engaging Reason*, p. 157 を参照。

(32) ハートは実際には、少なくともそれが道徳的用語として理解されるとき、最後の結論に抵抗している。ハートは、「裁判官が……コミットした発言を行うとき」でさえ「裁判官はその発言が道徳的義務の一種を指示すると必然的に信じなければいけないという事実はない」と強く主張する。*Essays on Bentham*, p. 161. 参照。この議論のポイントについて私はいくつかの疑問がある。もし、説得力があると思われることに、φすることの理由はφが価値あることを必然的に伴う、もしくはφすることが何か価値あるものをもたらすと想定した場合、コミットする参加者は法に従う理由が、法の促す一定の価値から派生する理由であると推定する。私は、それらの価値を必然的に「道徳的」であると分類するかどうかということはそれほど問題にならないと考える傾向にある。ともかくも道徳ははっきり定義できない境界を持つ。

(33) Gallie, “Essentially Contested Concepts”.

(34) Ibid., pp. 171-80.

(35) 私の“The Rule of Law and Its Limits”と、そこでの参考文献を参照。

(36) 法は本質的に論争的な概念ではないことを主張する、同様の論旨で、グリーンの“The Political Content of Legal Theory”, pp. 16-20 を参照。

訳注

〔1〕原文では“good”という語を、道徳的な用法と非道徳的な用法とで使い分けている。ここでは、道徳的な用法を「善い」と訳し、非道徳的な用法を「良い」と訳し分けた。

［2］　原文は、""It is the case that P" or "It is a fact that P""であるが、ここでは、"It is the case that P"も"It is a fact that P"も同じ意味であると考え、「Pということは事実である」と訳出した。

さらなる文献案内

Dickson, *Evaluation and Legal Theory*.
Dworkin, *Justice in Robes*.
Raz, "The Argument from Justice, or How Not to Reply to Legal Posotivism", p. 313.
——, "Two Views on the Nature of the Theory of Law: A Partial Comparison", p. 1.
Waldron, *Law and Disagreement*.
——, "Legal and Political Philosophy", p. 352.

第6章　法の言語

ハートは、言語哲学が法の特定の側面を明らかにする際に重要な役割を果たすということをよく認識していた。ハートがその著作を通じて、言語の理解を、法を理解する彼の手法の中心的なものとして捉えていたことは、非常にはっきりしている(1)。ハートが行っていたことは**法**という言葉の意味の日常言語分析だったと断ずる批判者もいるが、そこには方法論的視点の誤解がある。実際のところは、ハートは**法**の言語分析に従事していないだけではなく、そのような努力が有益であることを明確に否定している(2)。しかし別の理由から、言語哲学は法の理解にとって中心的なものである。前章でも見たように、法は権威的指令（authoritative directives）を構成する。法の内容は、さまざまな法的権威によって伝達された内容に等しい。もちろん権威は自然言語によってコミュニケーションを行う。したがって、いかに言語的コミュニケーションが作用するかの理解、特に、実際にどの程度言語のさまざまな意味論的・語用論的側面にコミュニケーションが規定されるのかの理解は、法は何かということを理解するために中心的な役割を果たす。

この章では、法の内容を理解するときに言語が果たす役割に焦点をあてる。最初の節の議論は、第4章でまだ残していた未完の作業に動機づけられている。第4章で見たように、ドゥオーキンは法の内容を把握することは常に解釈の問題だと論じている。彼が論じるところでは、解釈は部分的に、しかし必然的に、評価的な問題であるため、法が何を命じているのかについての理解は、評価的な考慮に必然的に依存する。仮にこれが正しいのであれば、ドゥオーキンが法実証主義に根本的な欠陥があると結論づけたことは正しいことになる。しかし、法が何を述べているかを理解する際に解釈が果たす役割に関するドゥオーキンが想定には疑問がある。したがって、ここでの議論の一つの主要な目的は、ドゥオーキンの想定するほど解釈が遍在していると想定することが無意味だということを示すことにある。解釈は法が述べていることの理解の**例外**にすぎず、その内容を把握するための標準的方法ではないということを論じることになるだろう。この章の主要な目的の一つは、解釈がなぜ要求されるのか、いつ何が法の内容を時おり不確定にさせるのかということを説明することである。いうまでもなく、二つの議論は関連している。法の不確定性に関する特定の根源を理解すればするほど、われわれは法の確定性の射程をより一層理解できる。

われわれは常に法を解釈しているか？

ロースクールの一年生は、一週目、もしくは二週目の授業の後で、いかに法が不確定で不明確であるかを学んでひどく驚く。学生は自分が学ぼうとする法に関する知識の総体が存在し、その知識は公になっており、条文や判決として学生は書かれていると想定して、ロースクールにやってくる。そして、ロースクールの一年生の終わりまでには、学生は、法に関して明確なものはほとんど存在せず、それは裁判所の解釈に依存し、法律家にできる最善のものは、当該の裁判所が行うことに関する経験に基づく推測だけであると考えるようになる。すべてはどうにでもなると学生たちは考えがちである。しかし、それから法律事務所で法律家として一度働き出すと、その構図は逆転する。法律家は、訴訟のほとんどがロースクールで学んだ難解な法的問題のようなものではなく、ありきたりの事実――何が本当に起こって、誰が言ったか、もしくは誰が行なったのかということ――に関するものであるとすぐに知ることになる。その上、多くの事例で法は十分に明確であるため、法律家が争う紛争の大多数の事例は裁判所の外で解決されるのだとわかる。争われるのは常に事実である(3)。したがって真相は、いかに法が確定的であるかという法律家のイメージと、いかに法が不確定であるかというロースクールの学生の印象はいずれも歪められたものである。法は、人々が考えているほどには明確でないが、ロースクールの学生たちが思い込むよりはだいぶ明確である。なぜならば、学生たちは上告審に至るような難解な事例あるいは問題のある事例に焦点を当てた学習に時間を費やすからである。

ここで議論の対象とするテーゼは、常識的な見解――多くの事例で法が要求することは十分に明らかであり、他の事例では解釈を必要とするというもの――が基本的に間違っているとするものである。一層深いレベルでは法は決して明確でないと主張する法律家や哲学者がいる。つまり、それは法が実際に言っていることや要求することを確定する解釈の問題であるというのである。そのような見解が何に動機づけられているのかを理解することから始めてみよう。なぜ、法が常に解釈の影響を受けるという考えにひきつけられる哲学者がいるのだろうか？　結局のところ、この見解は、われわれの日常的な経験を無視しているように見える。通常の会話では聞き手が何と言われたかを解釈する仕方を考えるとき、話者のすべての発話がどういうわけか中断されてしまうということを経験しない。通常の状況の会話において、われわれはただ発話を聞き、それによって何を言われたのかを理解する。そのため、解釈は常に求められる、もしくは解釈がどういうわけか常に背景にある、という反直観的な見解は何に動機づけられているのだろうか？

　私が考えるに、二種類の動機が働いている。一つは、言語的コミュニケーションに関するいくつかの一般的で親しみ深い論点から派生しており、もう一つは、特定の法独自の特徴から派生している。では、それらの二つの特徴を順番に説明していこう。話者が伝達する内容はしばしば部分的に特定の文脈的要素や規範的要素によって決定されるという、自然言語の側面は極めて親しみ深いものである。そのような言語的内容を文脈的・規範的に決定する要素は、言語の**語用論**的側面と呼ばれている。言い換えるのであれば、意味論と統語論（意味）がコミュニケーションの内容を運ぶ本質的な伝達手段であることはよく知られた事実であるが、実際のコミュニケーションでの内容は、しばしば部分的にさまざまな語用論的要素によって決定される。文脈的知識が働く役割と規範的枠組みの役割を区別して、そのどちらかが解釈は遍在するという結論を保証するのかどうかを考えてみよう。

　妥当する文脈の知識は、しばしば、話者が伝えた内容を把握する際に決定的な役割を果たす。明らかな例は、一人称代名詞である「私」の使用、「今日」や「こちら」のような文脈依存指示語、そして「彼」や「その人たち」というような指示詞に関係している。発話の中でそのような表現をわれわれが使うとき、伝達された内容は、一部はわれわれが使う言葉の意味によって、そして一部は話者と聞き手が共通で知っていなければならない特定の事実——誰が話しているのか、どういう方法でその人が指示しているのか、など——によって、決まるというのは明らかである。しかし問題はそれらだけではない。たとえば、「残念ですが、あなたは死にますよ」という一文を考えてみよう。今、この一文が緊急治療室で銃撃により負傷した患者を診察する医者によって発話されたと想定してみよう。

そして、同様の一文が、なぜ人生でわざわざ何かをすべきなのかと不思議に思う友人への返答として哲学者によって発話された場合と比較してみよう。最初の文脈では、それは聞き手にとって本当に悪いニュースである。しかし二番目の文脈ではそうではない。つまり、人生は短いという事実を思い出させる決まり文句のようなものである。会話の文脈に依存して、非常に異なる種類の内容が同じ発話によって伝わることがある。このような事例は、豊富にある。

しかしながら、もしそのような事例から、言語的表現を理解することは必然的に解釈を含むのだと結論づけるのであれば、それは間違いだろう。第一に、文脈がしばしば話す内容に影響するという事実は、コミュニケーションの内容が常に文脈依存的だということを必然的に伴うわけではない。第二に、もっと重要なことであるが、コミュニケーション内容の文脈依存性は、そのような表現の理解において、聞き手が解釈とわれわれが呼ぶものに従事することを必然的に伴うわけではない(4)。最もありふれた事例では、会話の文脈は話し手と聞き手に共有された**共通知識**（common knowledge）だから、聞き手は特定の困難や解釈の必要性を全く伴うことなく、適切な内容を把握することができる。緊急治療室で医者から死んでしまうと告げられた、銃撃で負傷している不幸な患者を想像してみよう。医者がたった今彼に告げたことに関する解釈の疑問が、彼の頭に真っ先に浮かぶことはないと私は考える。言い換えると、われわれのコミュニケーション能力に文脈依存性が備わっているからといって、発話者が発した単語や文章と聞き手が把握したコミュニケーション内容とを解釈が必ず媒介するということの証明にはならない。その理由の一つは、解釈は言語的コミュニケーションの他の側面と全く同じ程度に、まさに文脈依存的だからである。しかし本質的な点は以下のようなものである。その文脈が会話に関連する当事者間の共通知識であることが典型だからコミュニケーションが可能である、と一般的に考えられていることである。解釈が求められるのは、文脈的背景のいくつかの特定の側面がたまたま不明確であるため、あるいは、文脈的背景が共有されているにもかかわらず、伝えられた内容のいくつかの側面が不明確、もしくは不確定であるためのいずれかである。しかしそれらは例外的な理由に違いない。会話の当事者たちが関連する文脈の知識を通常の状態で共有しないのであれば、言語的コミュニケーションが成功するのは非常に稀になるだろう。

あらゆるコミュニケーションの文脈で推定されなければならない規範的枠組みの役割については、ポール・グライスが、会話の語用論的側面についての重要な著作で明らかにしている。(5) その基本的な考え方は、通常の会話において、関係者たちは協調的な情報交換に従事するというものである。そしてこの協調的な情報交換の一般的目的は、会話の当事者たちが特定の規範（もしくは、グライスが呼ぶところの「格率」（maxims））に従わねばならないということを必然的に伴う。たとえば、それらの規範には、話者は何らかのことが会話に関連すると考え、真だと信じているためにそれを発話したと推定しなくてはならないという格率、会話の文脈の中で発話は短すぎても長すぎてもいけないという格率、そして不明瞭さや多義性といったものを避ける目的で、会話は規律に沿った貢献でなければならないという格率が含まれる。

それらの格率は、コミュニケーションの特定の目的と機能を直接例示し、それらの目的を促進する規範である。関連性があることや真であることを言い、短すぎることも長すぎることも言ってはいけないといったような格率は、通常の会話で適用される格率である。なぜなら会話の目的は情報の協調的交換だからである。もちろんすべてのコミュニケーションの相互作用がこの性質を持つわけではない。われわれは常に情報の協調的交換に従事しているわけではない。その上、他の文脈では他の規範が適用される。実際に本書では、法的文脈においてこの規範的枠組みが時に問題となるということを検討する。しかし、ここでとりあえず頭に留めなければならない本質的な点は、すべてのコミュニケーションの相互作用は何らかの規範によって導かれており、話者はある種の会話の貢献をすると想定されているが、この規範は話者が行う貢献を律しているということである。そのような当該の会話の当事者たちによって典型的に共有される規範的枠組みなしでは、コミュニケーションは不可能になるだろう。

このコミュニケーションに不可欠な規範的な側面は、発言のすべての事例が解釈を必要とするということを必然的に伴うのだろうか？　そのような会話の格率は誰にでも選べるもので、コミュニケーションの相互作用における当事者たちに対して、会話を支配する当該の規範にそれぞれ異なった理解を許すと仮定するのであれば、人はそのような結論に飛びつく誘惑を持つかもしれない。しかし通常において、それは意味をなさない。私は**通常**という言葉を意図的にここでは使っている。逸脱した事例の可能性は常に存在する。たとえば、人は普通の会話に従事しているように装うかもしれないし、誰かに操られて行為しているかもしれないし、あるいはさまざまな理由からその規範に従わないかもしれない。もっと言えば、戦略的コミュニケーションの特定の形態が存在することをわれわれは知っている。そこでは、会話の格率がいくぶん不明確である。しかしこのことは、会話の格率は常に自由に選べるので必然的に解釈に服するという想定とは大違いである。ある程度共有された規範的な背景——少なくとも、会話を支配する格率についての暗黙の相互理解——がなければ、会話の当事者たちはおそらくコミュニケーションの相互作用に従事できないだろう。

当事者たちの一人が、規範的枠組みのいくつかの側面を誤って理解したとき、われわれはこの点をよりはっきり知ることができる。自分がこの点で誤解されたということを、話者が明確にする必要があるケースを考えてみよう。たとえば、話者の会話への貢献が通常の情報交換を支配する一定の格率に従ったものである、と聞き手が間違いなく理解していて、実際にはそれが冗談のつもりだったとき、話者は「ただの冗談だよ」と言う。あるいは反対に、その会話が滑稽なものではなく通常の有益な会話であることを示したいとき、話者は「私はからかっていない、これは本当だ」と時には明らかにする必要がある。

この最後の論点について結論を述べよう。コミュニケーションの文脈でお互いを理解する能力は、少なくとも暗黙のうちに共有された会話の話題についての理解と、会話を支配する規範に依存している。もちろんこの種の理解は、時おり訪れる誤解やさまざまな種類の逸脱の影響を受ける。その場合、典型的にはコミュニケーションの何らかの側面が欠けてしまう。しかしこのことは解釈の問題ではない。人が従事する会話の類を支配するいくつかの規範的枠組みがあるという事実から、聞き手が該当する格率の解釈にたどり着くまで、聞き手が把握しようとするコミュニケーション内容の把握があたかも空中を漂っているということにはならない。格率は、解釈の必要がない、話し手と聞き手の間にある典型的な**共通知識**である。

われわれは、解釈テーゼが遍在する根拠について、別の可能性に注目しなくてはならない。それは言語的コミュニケーションの一般的な側面ではなく、いくつかの法領域に特有の側面から導かれるかもしれない。おそらく、解釈が常に求められるということを事実とする、何かしらの特有の特徴が、法の領域にはある。この考え方には長所が存在しないわけではない。もしあなたが芸術の領域について考えるとき、なぜ実際にそうなるのか理由がわかるかもしれない。芸術の性質の中には、芸術の作品の理解は実際に典型的な解釈の問題だという想定をとても説得的にするものが存在している。芸術作品の創作は、情報を提供する種類のものではないが、コミュニケーションの一形式である。そうなると、芸術作品もしくは芸術作品のいくつかの側面の理解において、人は典型的に解釈に従事するのだが、それを事実とするものは何か？　そして、同様に法にも類似の考慮が適用されるということは事実なのか？

実を言えば、その性質自体によって芸術作品が解釈に服することを説明するために深遠な哲学的説明を提供する必要はない。われわれが必要とするものは、この点における芸術と法の適切な違いを知ることである。その違いは極めて明確である。芸術作品は、異なる可能な解釈、潜在的に競合する解釈を受けることを意図として創作される。少なくともわれわれの文化では、芸術作品は人々がさまざまな仕方で理解できる文化的対象である、ということは芸術概念の一部を構成する。すなわち、人は芸術作品に多様で、潜在的に競合する、そして両立不可能な仕方で、かかわるのである。芸術作品は、単純に理解できる（あるいは誤解できる）確定したコミュニケーション内容の伝達を意図していない。それは、内容においてある程度不確定なものであり、さまざまな方法で両義的であり、さまざまな解釈に開かれることを意図して創造されている(6)。しかしながら、このどの特徴も法には当てはまらない。実際に、芸術と法はこの点において全く異なっている。法的指令は具体的な結果を生じさせなければならない。つまり法的指令は特定の行為の理由を人々に与え、そのようにしていくつかの特定の方法でわれわれの行為に影響するように目指すのである。もちろん、特定化のレベルにはさまざまなものがあるだろう。非常に特定的で、特定の形式の行為を指令し、もしくはその無効を指令する法がある一方で、かなり一般的な法もある。そして、法的規範が一般的であるほど、解釈が求められる状況が生じる可能性が高まる。しかし、一般的に言って、法の性質は、伝達しようとする特定のコミュニケーション内容から遊離した文化的対象ではない。それは、芸術の性質である。芸術は解釈されるために存在し、法は従われるために存在するのである。

解釈が常に求められるということを事実にする、法に特有の特徴が他にも存在するだろうか？　法的実践の重要な制度的側面がそのような印象を与えるかもしれない。すべての法システムにおいて、法を制定する行為者もいれば、制定された規範をどのように特定の事例に適用するのかの決定を委任されている行為者もいる。第1章で言及したように、ある意味では次のことが真である。特定のケースで法が何を意味しているかについての決定――それは通常裁判所あるいは他の司法機関によって判断される――が、法の真の、あるいは本当の内容なのだ、ということである。[7] 言い換えるのであれば、法が適用される特定の事例において、法が何を意味するかもしくは要求するかを決めるのは、典型的にはまさしく裁判所である。そして、馴染み深い考え方は次のようになる。裁判所は、好きなように法を理解・解釈することができ、どのように法が適用もしくは解釈されるかが決まった後ですら、上級裁判所もしくは以後の同じ裁判所は、その判決や決定を変更したり、異なる判断を下したりすることができる。このことは法が常に解釈に服するということを示していないだろうか？

端的に言えば、答えはノーである――それは裁判所、特に上級裁判所が司法的決定によって法を修正する法的権力をしばしば持つということを示すのみである。手短に説明しよう。次のような事例が生じていると想定しよう。制定法では「Fであるすべての X は φ すべきである」と規定されており、特定の個人であるAは明らかに紛れもなくFである、と仮定しよう。したがって、潜在的に対立する法が他になければ、Aは φ すべきである。さて、裁判所が別の判断、すなわち、Aがおかれた状況下では、当該事例はAがφすべき事例ではないとする決定をしたとしよう。われわれはこれをどう考えるべきか？　以下の二つの可能性がある。一つ目は裁判所が法的誤謬を起こしているがゆえに司法権を逸脱しているという可能性であり、この場合、Aはφすべきであるという法は適用されないだろうが、その法は残ったままとなる。二つ目は、裁判所はその法的権力の範囲内で行動したという可能性である。その場合、裁判所は単純に法を修正したことになる。今や法は「XがA（もしくはAのタイプに属するもの、もしくはその効果を持つ何か）でない場合、FであるすべてのXはφすべきである」と規定すると修正される。大部分の法システムでは、法を修正するそのような権力を上級裁判所が保持している。しかしこれは制度的な問題であり、それは法域によって異なりうるだろう。しかしながら、一般的に言って、その決定前に何が法であるかということが完全に明確であったときでさえ、しばしば裁判所は法を変えることができる(8)。

この節を締めくくろう。法の内容が多くの場合は十分に明白である――そして他の場合はそうではない――という常識的見解は正しいものである。多くの場合、通常の会話と同様に、法的指令が述べていることをわれわれは聞き（もしくは、実際に読み）、それによってそれが要求するものを理解する。いくつかの事例では、法が言っているものは不明確で、解釈が求められる。次の節では、法において解釈が必要とされるいくつかの主要な理由を議論する。何が法解釈の必要性を生じさせるのかを理解するならば、十分に確定していることや解釈が不要なことに関する、一層健全な認識が得られると期待している。

なぜ解釈するのか?

特定の事例の適用において、その内容が不確定であるときに、法は解釈を必要とする。法の不確定性には主に三つの源泉がある。その三つの源泉とは、適用される別々の法規範の間での衝突と、意味論的不確定性と、コミュニケーションにおけるいくつかの語用論的特徴である。しかしながら、次の二つのタイプの事例の間に引かれるべき区別が存在することに注意しなければならない。前章で言及したように、時には問題になっている特定の事例に適用される法が存在しないことがある。単純に、適用されるべき法が存在しないために、既存の法で特定の紛争もしくは法的問題は解決されないかもしれない。そのような事例では、裁判所は空白を埋めることによって、すなわち基本的には当該事件を決定する法を制定することによって、その事例を解決する必要がある。そのような事例を**解釈**と呼びたいかどうかは、ほとんど重要ではない。しかしながら、私がこれから論じる種類の事例は、適用されるべき法が存在するが、何らかの理由で、法の適用の仕方、あるいは正確な法の規定内容が、完全には明らかでないものである。以下では、そのような不確定性が生じる主な理由の説明を試みる。すでに述べたように、法に不確定性が生じる理由は三つの種類に大別され、それらの三つの種類とは、法の衝突から派生するものと、自然言語における語と文の意味の不確定性から派生するものと、そしてコミュニケーションのいくつかの語用論的特徴から派生するものである。

法の衝突

現代の法システムにおける法の広大な範囲や膨大な量の法規範を前提とすると、当該の特定の事例に適用可能な法規範が複数存在するということがしばしば生ずる。適用される法的規範同士が対立する結果を伴うことも起こるかもしれない。典型的なケースは以下のような構造を持つ。次のような二つの法的規範が存在すると想定しよう。

（1）「Cという状況下において、FであるすべてのXはφすべきである」

（2）「Cという状況下において、GであるすべてのXはφすべきではない」

さて、Aという特定の個人が存在すると仮定し、その人がたまたまFとGの両方であったとしよう。（1）によると、Cという状況下でAはφすべきである。一方で、（2）によると、Cという状況下において、Aはφすべきではない。確かにAは同じ状況下でφすることとφしないことの両方を行うことはできない。目下の状況下では、二つの可能性がある。その状況で、衝突する（1）もしくは（2）のどちらの規範を優先させるかを決める第三の法規範が、時おり存在する。たとえば次のように述べる法規範が存在するかもしれない。

（3）（1）と（2）の間で衝突がある場合は、（1）が優先される。[9]

この事例において、（3）が具体的な結果——Aはφすべきだ——を決定するため、（1）と（2）の結果間の対立は、単なる見かけ上の対立にすぎず、本来の法的衝突ではない。しかしながら、多くの場合、このような階層を既存の法が決定することはない。言い換えれば、（3）のタイプの法は存在しない。そのようなケースでは、Aがφすべきかどうかという問題に関する（1）と（2）の間の衝突は、裁判所にとって、おそらく解決しなくてはならない真の問題である。さて、もちろんこれは全く単純なモデルである。異なる法規範の間で衝突する帰結は、しばしばより複雑な構造に起因する。いくつかの事例では、衝突が存在するということさえ明らかではないかもしれない。ここでの私の論点は極めて限定的で、特定の事例に適用する異なる法規範の間の衝突が、法において解釈を必要とする主要な源泉の一つであることを指摘したにすぎない。

意味論的不確定性

法は自然言語で表現される。自然言語における語と文の意味は、特定の事例への適用に関してしばしば不確定である。二つの中心的実例は両義性（ambiguity）と曖昧性（vagueness）である。[10] 両義性は、一方で（英語の**バンク**（bank）という語は、金融機関もしくは川岸を意味するように）自然言語における特定の語もしくは表現がたまたま二つの異なる二つの意味を持つという事実によって生じるかもしれないし、他方で（たとえば、「ノミのいる犬を飼う人を知っている」のような文では、「ノミのいる」のは人か犬か？といった）文の統語論的構造に起因するかもしれない。典型的には両義性は、発話の適切な文脈に関する知識によって解決される。その文脈を前提にすれば、われわれは、その状況下で可能な二つの意味のどちらかの意味がその状況下で適切であるのかを識別できる。もし、川で魚釣りをしている間に、あなたが友人に対して、バンクでその友人に会うつもりだと伝えたなら、おそらく友人は、あなたが頭に思い描いている金融機関ではなく、川のバンクと理解するだろう。そして反対に、街の中で用事を済ませている間に、それを言ったなら、友人が川の近くのバンクであなたに会おうとすることはありそうにない。意味論的にも統語論的にも、法における両義的な表現の使用を妨げることはできない。時にはどの意味が妥当なものであるのかが法の文脈から明確な場合もあるだろうが、それが明らかではない事例もあるだろう。

法の不確定性のより一層広く認められる原因は、自然言語の語に遍在する曖昧性から生じる。自然言語の多くの語は曖昧である。曖昧性は、語の外延には何らかの境界事例があるという事実に存する。つまり、特定の事例への語の適用には、適用できるかどうかが不確定な事例があるという事実が、曖昧性を構成するのである。青のような色彩に関する語を例に考えてみよう。いくつかの色彩の知覚は、**青の確定的外延**の内部にある。すなわち、それらの知覚は何であろうとも、疑いなく青である。また数えきれない他の色彩の知覚が、**青の確定的非外延**の内部にある。すなわち、それらの知覚は赤や黄色のように、明らかに青ではない。しかしながら、青かもしれないし青ではないかもしれない、すなわち、**青**と呼ぶことも間違いではなく、**青ではない**と呼ぶことも間違いではないという、**境界事例**の範囲が存在する[11]。六フィートの身長の人が「背が高い」のかどうか、数十本の毛髪を持つ人は「頭が禿げている」のかどうか、分厚いパンフレットを「本」と呼ぶのかどうか、もしくはローラースケートは「乗り物」なのかどうかといった問題も、青の境界事例と同じく境界事例である。

どのようにして曖昧性が法の不確定性を生じさせるのかを知ることは難しいことではないはずだ。実際に、あえて推測するのであれば、裁判所が扱う制定法解釈の多くの事例は、該当する制定法の中の曖昧な用語に関する境界事例と関係する。「公園に車が入ってはならない」という法令に規定に関するハートの有名な例を使うことは、法理学の伝統となっており、伝統に従って、この例を用いることにしよう。明らかに、**車**（vehicle）という語は一定の確定的外延を持つ。全くの新品で完全に動作する私のランドローバーは、いかにしても**車**である。そして、私の娘が運んできた人形や、もしくは私が食べるつもりのサンドイッチのように、**車**の確定的非外延の中に数えきれない他の対象があることも同じように明らかだろう。しかしながら、境界事例は存在する。その法令は公園内で自転車に乗ることを禁止しているのか？　そして、ローラースケートや電動車椅子はどうなのだろうか？

あなたは、使用する一般的用語を定義するだけで、法はそのような不確定性を避けることができると考えるかもしれない。たとえば、先のハートの例において、法令の目的のために、法は**車**には自転車を含めるがローラースケートや車椅子は含まないとする制定法上の定義をつけ加えることもできるだろう。実際に法はそのような規定を提供することができるし、しばしば行われている。法における曖昧性は、そのような定義やさらなる明確化によって、時には縮小されうる。しかし法の曖昧性は排除できないし、極めて実質的な形で縮小することすらできない。第一に、どのような法でも詳細を規定できる程度には限界がある。第二に、問題となることがどの程度あるのかを事前に立法府が予測することには限界がある。第三に、最も重要なことだが、いかなる定義によって用いられる語も曖昧でありそうな上、境界事例を含むであろうから、曖昧性を排除できない。だからこそ、たとえば法令の目的上、自転車が**車**の外延の中にあることをわれわれが知っていたとしても、次に何が**自転車**なのかという境界事例を経験することになるだろう。子供の三輪車、一輪車、そして正しく自転車だと考えられるけれども、同時に、ある人はそれが自転車であることを否定しうるあらゆる種類の乗り物を考えてみよう。[12]境界事例は常に存在するだろう。

しかしながら、境界事例はあくまでも境界事例にすぎないということを頭に留めておくべきである。ある法律で用いられる最も曖昧な用語でさえ、関連する用語が適用される事例に関する確定的外延を持つであろう。しかしながら、H・L・A・ハートとの有名な論争において、ロン・フラーは、そのような言語的考察は法的問題を必ずしも解決しないと論じた(13)。たとえ特定の事例が法的ルールの言語の確定的外延の中にあったとしても、そのルールが適用できるかどうかは、未決の問題のままだろう、という。フラーが論じるところでは、そのルールを適用するのかどうか、あるいはそのルールをどのように適用するのかという問題への回答は、常にルールの目的を決定するという主要な問題であり、何のためにルールが存在するのか――何を達成するように目指しているのか――という考え方に照らしてのみ、われわれは特定の事例にそのルールを適用できるかどうかを決定できるのである。

フラーの議論は説得的ではないと思われる。彼が挙げる主な事例は、彼が念頭に置いている意味がわかるものであるが、公園の中での車に関する法令にまつわるものである。仮に退役軍人の集団が、正常動作可能な第二次世界大戦時のトラックを公園の台座に乗せることを望んだらどうなるだろうか、とフラーは尋ねる。トラックは確かに車であるが、依然として記念碑である。彼が示唆するには、そのような記念碑を禁ずることが法の目的ではないから、法令は適用されるべきではない。これをわれわれはどう考えるべきか？　フラーが法の問題として、妥当な論点を指摘しているかどうか、疑問である。仮に退役軍人たちが弁護士に相談したなら、おそらく弁護士は彼らに、トラックを公園に入れる前に、公的な許可を取るよう助言していただろう。しかし、たとえ私がこの点において誤っていたとしても、これらの種類の事例は、前に言及した規範の対立という現象に依存していると考える。仮にその退役軍人のトラックが、既存のルールの目的において（正常動作可能な）トラックは**車**ではないという事例なのだとしても、それはルールと対立したり、そのルールとは別の結果を求めたりする別の法規範が存在するからである。もっと一般的に言うと、ルールの目的に関する何らかの見解がなければ、ルールの内容を把握し特定の事例へと適用することは不可能である、というこの考え方こそが、一見して受け入れがたく思われるからである。人々がルールの目的について何らかの考えを持たずとも従っているルールや慣習は数多く存在する。日常において、われわれが従っている莫大な数の社会的慣習を今まさに思いおこしてみよう。私があえて推測するところでは、それらの意味が何であるかについて、多くの人々はせいぜい極めて大まかな考えしか持っていない。しかしわれわれはそれらに従っており、確かにそれらを適用する方法を知っている。他の例を挙げると、仮に学部長が私の読んだ小説の月間レポートを提出することを求めてきたとしよう。私は彼がこのルールをなぜ作ったのか、もしくはその意味が何であるかについて全く手がかりを持たないとしても、ルールが要求していることをよくわかるだろう。境界事例に遭遇したとき、ルールの目的に関する見解を得ることは確かに賢明なことであり、その目的についての見解をどのように分類するかについての決定が必要とされる。通常、これは境界事例に関して裁判所が決定を試みるやり方である。

語用論的不確定性

　発話の際のコミュニケーションの内容は、話者が発した語や文の意味によって確定される内容だけに限定されない。ここではさらに二つの種類の内容を区別してみよう。第一に、時おり、話者が**述べる**こともしくは**主張する**こと——伝達される命題の内容——は、話者が発話する言葉の意味とは異なる。家に夕方戻ったときに私が妻に対して「食べた?」と仮に尋ねる場合、食べるという活動を経験したことがあるかどうかを尋ねていない。私は彼女が食べるという活動をしたことがあるのは知っている。私がここで主張している内容は、明らかに異なり——夕方の時点で、すでに夕食を済ませたかどうかを尋ねている。もちろん、そのことを彼女が理解することに特段の困難はないだろう。一般に、特定の発話の文脈の中で、話者が話者の言うことをそのまま主張することがありえないということが聞き手に明らかであるとき、話者は自分が実際に言っていることと異なる主張内容を伝達できる。

法的文脈の中で、法が述べていることとは異なる何かを主張するということは起こるのだろうか？それは起こりうるが、それほど頻繁ではない。第一に、法が意味するものは容易に誤解されやすいためにに、立法府の議員は確かにそれを避けようと努力するだろう。第二に、法的文脈の中で、法が主張するものは明らかに法が述べていることではないという結論を可能にするような十分に豊かな文脈的背景を、われわれは通常欠いているだろう。もう一度「公園に車は入ってはならない」というルールを考えよう。たとえば、このルールの立法者が、ここでは自動車のみを意味していて、このことが法が主張する内容であることを、当然だと考えていたとしよう。それが事実であることが明らかな一定の状況を人は想像できるが、それは、その知識を関連するすべての集団が共有しているという、極めて特殊な状況である。たとえば、われわれは、「公園に車は入ってはならない」が、特定の公害に関する苦情への応答として制定されていて、そのことが事実だと知られており、自動車公害を制御する、より大きな法的措置の一部を構成している場合を想像することができる——なるほど、その場合には、おそらくその法令が自動車だけに限定されているということが明らかであろう。そうでなければ、依然として未決の問いのままだろう(14)。

二番目の、はるかに広く認められているタイプの事例は、話者によって伝達された内容が話者の主張を超えてしまうということにかかわる。多くの馴染みのある事例において、発話した特定の文脈では、全く主張しなくとも、何らかのコミュニケーション内容が含意されている。たとえば、地方自治体の条例が、レストランに店内に清潔で手入れされたトイレを設置することを動機づけていると考えてみよう。常に施錠された完璧なトイレがあるレストランがその条例に違反しているということは、たとえその規則がそのことを明示的に言及しなかったとしても、確かに想定できる。トイレが客に使わせるように開かれている必要があることは、そのような条例によって明白に推意されている(implicated)[1]内容である。

一般的に、文脈Cにおける発話Pの暗黙の内容は、特定の文脈CにおいてPと発話することによって話者が**コミットし**、聞き手は話者がコミットしていることを知るように期待される内容として定義することが可能であり、話者はそのことを知ることが期待される。暗黙の内容の事後的な否定が、その状況下の合理的な聞き手に、煩雑、不誠実、矛盾という印象を与える場合は、そしてそのような場合に限って、話者は暗黙の内容にコミットしていると予想される。たくさんの種類の暗黙の内容が存在する。ここで私は、グライスによって同定・説明された、会話的推意(conversional implicatures)と呼ばれる、馴染み深いカテゴリーに話を集中しよう。

グライスが提示した別の事例に言及するために、以下のような状況を考えよう。ガス欠で動かない自動車の近くに立つXが、その土地の通行人であるYに助けを求める。Yはこれらの事実を知っていて、「次の村にガソリンスタンドがある」と言う。そのとき、Yは(彼が知る限り)ガソリンスタンドが開いていて、ガソリンを売っているということを実際には**主張**していない。しかし、会話の格率(たとえば、関連性があるようにせよ。偽だと信じる何かを言ってはいけない、など)を考慮するなら、Y

が言ったことから、この内容が推意されると想定することが自然であろう。状況と適用される会話の格率とを考慮すると、それはYがコミットする内容になる(15)。

したがって、より一般的に定義すると、話者Sが文脈Cの中でpと言うことによって、qという会話的推意を行うのは、以下の場合である。

（a）Sが、Cの中で関連性のある会話的格率を守っていると推定され、

（b）適用される会話的格率を考慮すると、Sはqを意味する（もしくは意図する）という想定が、文脈CにおけるSのpという発話を理解するために必要とされ、

（c）聞き手がbという状態を認識でき、かつSがそれを知っていると聞き手が認識可能なことを、Sが信じる／想定するとき(16)。

グライスが強調するように、会話的推意には、主に次の二つの特徴がある。

（1）会話的推意は話者によって常に**取り消し可能**である。われわれの事例における話者は「しかし、私はガソリンスタンドが開いているかどうかはわからない」とつけ加えることができ、その場合は、推意は明示的に取り消される。一般的に言って、取り消し可能性は会話的推意の本質的な特徴である。

（2）会話的推意は、極めて文脈特定的である。会話的推意は、言語の規則によって規約的には決定されていない。グライスが考えるように、常にいくつかの派生形があり、それはわれ

われに推意の内容を解釈させるように導く。それを明示的にするには、いくつかの話が知られているか、想定されていなければならない[17]。

ここで法に戻ろう。法的文脈において、推意は確かに不確定性の潜在的源泉である。いくつかの文脈において、推意は無視できない。トイレを手入れするようにレストランに義務づける条例は、推意を無視できない事例の一つである。しかしながら、他のときには、たとえその内容が明らかであっても、推意は裁判所によって無視される傾向にある。ここに馴染み深い事例がある。多くの法は、いくつかの明示的な例外を伴う一般的規範の形式で何ごとかを主張する。たとえば、「XがF、G、もしくはHでない場合、すべてのXはφすべきである」というものがある（もしくは、より典型的な事例だが、法が〝すべてのXはφすべきである〟と主張し、F、G、Hという明示的な例外を規定する別の節が続く）。この種の発話は、通常言及された例外が包括的なものであること——Fあるいは Gあるいは Hでない、**すべてのX**がφすべきであること——を推意しているだろう。この推意は取り消し可能であることに注意すべきだ。立法府は例外が包括的であるとは考えないことを簡単に示すことができる。しかしそのような指示がなければ、立法府はただF、G、Hだけが、Xがφすべしとする要求への許された例外だと推意していたと想定するのが自然であろう。

しかしながら、毎年ロースクールの一年生は、裁判所はそのような推意の適用をするにあたって一貫性がないことを学ぶ。自らの制定するルールに対して、正当化されうる例外を事前に決定できる立法府の能力に、裁判官は懐疑的である傾向があり、おそらくそれは正しい。したがって時おり、裁判官は端的に推意を無視し、例外のリストを包括的というよりも示唆的なものとして取り扱う[18]。言うなれば、そのような事例では、基本的に推意されただけで明確に主張されてはいないコミュニケーション内容を無視して、立法府の発話である断定的な内容だけに注意を払っているのである。

上記の例は実際に、裁判所が単純に法に従わない事例とは対比されるような不確定性の事例なのだが、それはなぜか？　その答えは、立法が通常の会話ではないという事実から生じる。言うなれば、裁判所と立法府の間の会話は、情報の協調的交換というものではない。それは部分的にコミュニケーションの戦略的形態であり、そこでは会話の格率は完全に確定的かつ／もしくは確実ではない形態である。言葉を変えると、不確定性の原因は会話の性質に由来するのであり、単に主張内容と推意的内容の区別から派生するのではない。この点についていくらか詳細に説明しよう。

法の制定は、情報の協調的交換ではない。立法は、典型的に**戦略的行動**の一形態である。実際に立法は、一つではなく、いくつかの会話で構成されるために、状況はより複雑になる。制定プロセスの間における議員間での会話が存在する上、次に内部の会話の結果は、立法府と裁判所（もしくは、さまざまな他の政府機関）とでは別物である[19]。内部的会話は、そうでない会話と比べて、たいていその性質上極めて戦略的である。確かに、情報の協調的交換というグライスの格率には従わない。その上、裁判所や他の機関が立法府の内部的会話の結果に注目するとき、集合的な発話（collective speech）を生み出した内部的会話の戦略的な性質を無視することは難しいだろう。

最も馴染み深い立法の側面は、ほとんどいつも譲歩の結果だということである。譲歩はしばしば、私が**暗黙に認められた不完全な決定**と呼びたいもの、すなわち、意図的に特定の問題を未決定のままにしておく決定に存する[20]。以下のように、これは集合的行為者の問題と密接につながっている。

Xは〝Q〟を推意することを意図して、〝P〟と言いたい。
Yは〝Qの否定〟を推意することを意図して、〝P〟と言いたい。
XとYは**Pを言うという集合的な発話**を用い、Qという推意が未決定のままだと意図して、Xと
　Yは集合的に行為する。

一般的な問題は、下線を引いた**意図**はしばしば明らかではない、ということである。実際に典型的な事例は、衝突して両立しない意図、願望、期待のようなものだろう。すなわちそれは、XとYの両者が自分の意図が優越されるように意図する――もしくは願望を持つ、または期待する――というものである。場合によっては、これは問題ないだろう。確かに、Qに関して何かを推意するように**集合的**に語ることを意図せずに、XとYの両者がQの推意に関して衝突する意図や期待を持つということはありうる。しかし、常に、もしくは典型的な場合ですら、そのことが事実だと当然視するのは現実的ではないだろう。議員は通例、立法の課題を実際に実現させたいと考えている。議員たちは、一定の目的の達成を望む。その目標とは、彼らが通した法案の解釈、すなわち、そのように理解されることを願望あるいは期待する解釈がもたらすものである。言い換えるなら、典型的事例は、XとYの両者が、**Pという集合的表現**がQであることを推意する（もしくは推意しない）ことを期待する、もしくは最低でも願望を持つ、というものである。

この種の集合的行為に、制定する法案に関してさまざまな政治的指針や期待を伴う多くの行為者――時には何百人もの議員――がかかわるとき、その困難は明らかである。グライス的な用語を使って言えば、そのような事例の問題は二重である。一つは、**誰が**会話の当事者として数えられるのかに

関して、かなりの不確定性が存在する――たとえば、法案の発案者、あまり熱心ではない支持者、その上法案に反対投票した議員も同様に会話の当事者なのか？　そして、第二に、**何を**もって、さまざまな当事者たちが参加を許された会話への貢献とみなすかについて、固有の不確実性が存在する。

しかしながら、戦略的行動は議員たちの内部の会話に限定されない。たとえば、いうなれば立法府が複数の声を発するという事例を考えてみよう。立法府が、あるメッセージを一般大衆に伝える一方、別のメッセージを政府機関や裁判所に伝えることを意図している立法案が存在する。メアリ・ダン＝コーエンが、刑法の文脈で、その現象とその合理性を説明している。(21) 彼の事例の一つに触れるために、強制の抗弁（the defense of duress）を考えてみよう。これは極めて問題のある抗弁である。一方では、犯罪抑止を考慮するとこのような抗弁を認めることに反対することになる。われわれは、人々が脅威に屈服して、恐怖や性格の弱さから犯罪を犯すように促したくないからである。他方、公正さに対する配慮と人間らしい慈悲心を考慮すると、そのような抗弁を認めることが必要である。極めて大きな脅威の下で行ってしまったことを理由に人々を罰するのは、公正さに欠けるだろう。これは深刻な対立であるが、ある一定の解決方法を許すものである。法は、抗弁としての強制を認めない、もしくは極めて悲惨な状況でのみ認める、という印象を形成することができる一方で、公正さと慈悲の考慮が必要なとき、裁判所にその抗弁を認めるように促すこともできる。ダン＝コーエンが示すように、これは多かれ少なかれ実際にコモン・ローの中で起こっていることである。その解決方法はとても道理にかなっている。

多くの立法の文脈で、この仕組みを使う誘惑が大きいということを理解してもらえるだろう。議員たちは、たとえば選挙資金提供の厳格な規制を行っているという印象を与えたい一方で、実際にはそのような資金提供の流用を可能にして規制を不透明なものにしているかもしれない。つまり、議員たちはある行為を行っている印象を与えたい一方で、実際には正反対のことを試みているかもしれないのである。われわれがこのような事例で見出すのは、ほとんど対立する推意のようなものである。ある角度から見ると立法府はある事柄を推意し、違う角度から見ると反対のことを推意している。さらに言えば、今言及した二つの事例が示すように、全面的に適用できる包括的な政策は存在しない。立法府の二枚舌には、強制の抗弁の事例のように納得できる、あるいは道徳的に推奨されるものもあれば、政治資金の事例のように疑問視されるものもある。私はそのような二枚舌の事例において、その法律の単一の内容は何かという問題に明確な答えがあるとは考えていない。たとえその内容がお互いに不整合であっても、同じ言語行為は、違う文脈において、もしくは違う聞き手に対して、違う内容を推意するのである。

これまで述べたことを整理しよう。通常の会話のように当事者同士が協調的に情報交換を行うのではない、部分的に非協力的なコミュニケーションの形式が立法の文脈では存在するということを示そうと私は試みてきた。立法プロセスでは、初期段階における関係者間の協調の欠如を克服しようとする戦略的行動に悩まされることになる。その上、プロセスの結果が一度得られると、どの側面が立法府の発話の内容の決定に関連し、どの側面が無視されるべきかを決めることは非常に困難になる。

戦略的会話が機能する方法について、そしてそのような特有の規範的枠組みを適用してよい／してはならない種類の格率について、さらに探求する必要がある。戦略的な会話を可能にするためには、関連する会話の格率について一定程度の不確定性が不可欠ではないか、というのが私の考えである。(22)しかしながら、言及しなければならない注意点が一つ存在する。時間が経過するにつれ、実際に裁判所が従う条文解釈の規範は、いくつかの立法の会話の格率を部分的に決定する可能性がある。裁判所は条文上の言語を解釈する方法に関して一定の規範に従うとき、立法の文脈のためのいくつかの種類のグライス的格率を生み出すことができるだろう。たとえば、裁判所が法制定の歴史に関して証拠を聴取しようとする範囲によって、立法の推意に関わる関連性という規範は部分的に決定されている。そうした規範によって、議員と裁判所の間の会話――と呼べるもの――に対し、何を関連性を持つ貢献として捉えるかということが部分的に決定されているだろう。したがって、ある程度まで、そして裁判所の解釈的な文化に大きく依存して、立法の文脈においてすら、何かしらのグライス的格率は存在するのである。そのような規範がどのくらい信頼できるかは、長い時間をかけた裁判所の解釈的実践における事実上の整合性に決定的に依存しているということに注意してほしい。もし、裁判所が重要な解釈的実践に一貫して従わなければ、議員たちと裁判所の間の会話において何を重要な発言であるとみなすかについての明確なシグナルを、議員たちは決して手に入れることができない。それゆえ、議員たちは、議員たちの間の会話におけるシグナルすら必然的に手に入れることができない。しかしもう一度繰り返すが、仮に戦略的会話の規範の不確定性に関する私の示唆が正しければ、裁判所も立法府も、解釈の規範に一貫して従おうとする非常に強いインセンティヴを必ずしも持たないということを認識するべきである。

　私はこの議論を締めくくる前に、過度の懐疑論に対して警告したい。推意された内容についてさえも、多くの部分が言語のルールによって決定されている。すべての種類の推意が文脈依存的であるわけではない。使われる表現の意味だけで、話者が使用する一定の表現が一定の内容を推意するケースも多く存在する。換言すれば、いくつかの推意は話者が主張する表現の中で、**意味論的にコード化さ**

れる。グライスはこれらを「規約的推意」(conventional implicatures)[23]と呼んだ。たとえば、次のような発話を考えよう。

(1)〝Aでさえφできる〟(A以外にもφできる人は何人もいて、その中でもAはφできる可能性が最も低いことを推意している)

(2)〝Aはなんとかそを見つけることができた〟(Xを見つけることに何らかの困難を伴うと予想されたことを推意している)

(3)〝花瓶を割ったのはAである〟(誰かが花瓶を割ったに違いないことを推意している)

これらのすべての事例、そしてこれらに類似する多くの事例において、推意された内容は、発話の中で意味論的にコード化されている。そしてこのことは、含意された内容を話者は取り消すことができないという事実によって明らかに示されている。(3)を発話した後で、誰も実際には花瓶を割っていないとつけ加えることによって推意の取り消しを試みることは意味をなさない。同じように、(1)のようにして「ジョンでさえ試験を通った。結局のところ、彼は最も優秀な学生だ」と言うのは意味をなさない。そのような発話を理解する文脈を想定することは不可能である。したがって、意味論的にコード化された推意は、法的な発話の戦略的性質から影響を受けない。法的命令の定式化によって意味論的に推意された一定の内容が存在するとしたら、通常それは、その法律が実際に決定する内容の一部を構成することになるのである。

原注

（1）たとえば、“Definition and Theory in Jurisprudence” in Hart, *Essays in Jurisprudence and Philosophy*, Chap.1として公刊された就任記念講義、そしてHart, *The Concept of Law*. Chap. 1を参照。

（2）Hart, *The Concept of Law*, p. 204.〔邦訳：三一七―三一八頁〕ハートの理論は「法」の意味論的分析を目指しているという示唆は、Dworkin *Law's Empire*, Chap. 1によって提出された。

（3）もちろん、法の論点を明確にするには訴訟が高くつきすぎるという事実によって、裁判外での解決が引き起こされることも時にはある。

（4）**解釈**とは、表現の意味を把握することを伴うあらゆる心理的なプロセスを表わすにすぎないと規定することも可能である。いくつかの言語学の文献では、そのような形でその言葉は使われる。しかし、これはもちろん、ドゥオーキンの議論が想定している種類の解釈の概念ではない。そこには必然的に評価的なもの、もしくはそれに関する自意識的なものも存在しないことになるからだ。

（5）Grice, *Studies in the Way of Words*.

（6）これは芸術の領域で解釈が遍在する唯一の理由ではないだろう。芸術がさまざまな階層の象徴や隠喩を行使することによってコミュニケーションを行う傾向があるという事実も、また芸術領域における解釈の偏在に役割を果たしている。そして、さらなる理由もありうるだろう。

（7）これは、大陸法システムよりもコモン・ローの法システムにおいて、より一層真となる。というのも大陸法では、拘束力のある先例の原則が認められない――少なくとも、コモン・ローにおいて従われるほどにではないからである。

（8）この明らかな真理に抵抗したくなる原因、もしくはそれを不都合な真理にさせる原因の一部は、そのような事例では裁判所による法の修正が遡及的効力を持たざるをえないという事実にある。これは明らかに問題であるが、おそらく避けられないだろう。私の“The Rule of Law and Its Limits”では、この点をより詳細に説明している。

（9）アメリカ法でのわかりやすい事例は、州の制定法よりも連邦の制定法の方が優越することを定めている一般的規範である。したがって、連邦法と州法が衝突するのであれば、アメリカ合衆国憲法によって規定された一定の範囲内で、連邦法は優越する。

（10）言語哲学者たちは、両義性が不確定性を含むという考え方に抵抗するだろうが、私はそれと違う主張をしているわけではない。法の両義性において何が不確定なのかということは、どの意味が法的に妥当するのかという問題である。特に統語論的な両義性は、時に法的文脈の不確定性の明らかな事例を生み出す。

（11）たとえば、Soames, *Understanding Truth*, Chap. 7 を参照。

（12）もしあなたが、「自転車」の境界事例があることを疑うのであれば、ロサンジェルスにあるヴェニス・ビーチの自転車専用道路を散策するとよいかもしれない。そのとき、あなたは、「自転車」（と同様に他の多くの）さまざまで異様な境界事例を目撃するだろう。

（13）Fuller, "Positivism and Fidelity to Law: A Reply to Professor Hart".

（14）*Holy Trinity Church v. United States*, 143 U.S. 457（1892）という有名な判例が、これがいかに問題であるかを示している。これらの問題を、私は "The Pragmatics of Legal Language" で詳しく述べた。

（15）Grice, *Studies in the Ways of Words*, p. 32.［邦訳：四六―四七頁］

（16）透明性（transparency）という最後の条件は、実際には、より問題を含み、論争的である。グライス自身は、選言命題を用いるときに伴う推意を考慮するとき、ここでの深刻な問題に気づいていた。Soames "Drawing the Line between Meaning and Implicature—and Relating Both to Assertion" を参照。

（17）しかしながら、二つ目の条件は緩和するべきだろう。グライスは彼が「一般化された規約的な推意」と呼ぶ事例のカテゴリーを同定しており、そこでは推意が、より文脈的ではなくなり、一部は発話された語の意味から派生する。Grice, *Studies in the Way of Words*, pp. 37-40.［邦訳：五四―五八頁］を参照。

（18）この点における有名な事例は *Holy Trinity* 事件である。私の "The Pragmatics of Legal Language" を参照。

（19）私はここで、いわば立法府と裁判所との間で継続中の会話が存在するということを当然のこととして推定している。裁判所は、立法の言語と裁判所が宣言する条文上の解釈のさまざまな「原則」（doctrines）を解釈するというやり方によって、応答を行う。

（20）この考えに何も新しいものはない。非常に数多くの書き手がそのことに言及している。

(21) Dan-Cohen "Decision Rules and Conduct Rules: On Acoustic Separation in Criminal Law" を見よ。

(22) 私はこの結論について、私の "Can the Law Imply More Than It Says?" (Marmor and Soames, eds. *The Philosophical Foundations of Language in Law*) を参照。

(23) Grice, *Studies in the Way of Words*, pp. 24-26, p. 41, p. 46, p. 86. ［邦訳：三四―三七、六一―六二、六八―六九、一二九―一三〇頁］

訳注

［1］ implicature/implicate は、グライスの *Studies in the Way of Words* の邦訳［『論理と会話』清塚邦彦訳、勁草書房、一九九八年］では、「含み／含みとする」と訳された。しかしながら近年の文献では「推意／推意する」という訳語が定着しており［cf. 三木那由多『グライス　理性の哲学』勁草書房、二〇二二年、第3章、第4章］ここでは近年の動向に従った。

さらなる文献案内

Endicott, *Vagueness in Law*.
Marmor, "The Pragmatics of Legal Language", p. 423.
Marmor and Soames, eds., *The Philosophical Foundations of Language in the Law*.
Moore, "The Semantics of Judging".
Soames, *Philosophical Essays*, Vol. 1, 10, 11, 15 章
Stravropoulos, "Hart's Semantics", p. 59.

訳者解説

伊藤克彦

1　経　歴

アンドレイ・マーモー（一九五九―）は、英語圏を中心に広く活躍するイスラエル出身の法哲学者であり、道徳哲学・政治哲学・言語哲学との隣接領域にも強い関心を持つ。マーモーは、出身地であるイスラエルのテルアビブ大学の修士課程を優秀な成績で修了した後、英国のオックスフォード大学に留学し、著名な法哲学者であるジョセフ・ラズの指導の下、博士号（D. Phil.）を取得している。オックスフォード大学で学位を取得した後は、母校であるテルアビブ大学に戻り教鞭をとっていたが、二〇〇三年にアメリカ合衆国の南カリフォルニア大学に移り、同大学に所属する言語哲学者であったスコット・ソームズと共同研究を行い、お互いに学術的な影響下にあった。二〇一五年からは、コーネル大学で、Jacob Gould Schurman 教授に就任し、現在に至るまで精力的な研究活動を行なっている。

代表的な著作としては、*Interpretation and Legal Theory*（初版：一九九二年：第二版二〇〇五年）、*Positive Law & Objective Values*（二〇〇一年）、*Law in the Age of Pluralism*（二〇〇七年）、*Social Conventions*（二〇〇九年）、*The Language of Law*（二〇一四年）が挙げられる。また、近作として社

会存在論と制度的事実の問題について論じた *Foundations of Institutional Reality* が二〇二二年に出版された。

2　三つの主たる関心分野

マーモーの業績は幅広く、近年の主たる関心分野としては、「ハードな実証主義の擁護」、「コンヴェンション論」「法解釈と言語哲学の接点」、の三つを挙げることができ[1]、本書では、この三つのトピックに対するマーモーの主張が反映されている。この解説では、本書の内容も振り返りながら、彼の研究関心と主張を2-1節以下で説明する。

マーモーに関する国内の議論状況も振り返ることにしよう。まず、マーモーの議論を包括的に検討した本邦の研究書として、濱真一郎の『法実証主義の現代的展開』（成文堂、二〇一四年）が挙げられる。また、憲法学者の長谷部恭男はマーモーの議論に比較的早い時期から注目しており、本書の第6章で展開されている「あらゆるテクストには解釈が必要なわけではなく、解釈には一定の限界がある」という見解や「意味論と語用論の区別は、法解釈にも一定程度当てはめることができる」という主張を肯定的に紹介している。[2]長谷部は、マーモーの議論の意義の大きさにも関わらず、国内ではマーモーの議論に近年注目が集まりにくかった従来の状況に対して、「エンディコットやマルモア［原文ママ］等、法の基礎理論に対する英米系のこうした議論の紹介が、日本ではその意義に比して過小であるように感じられる。[3]」と述べている。筆者としては、法の基礎理論に関するマーモーの議論を、法哲学研究者の側から紹介できる機会を大変嬉しく思う次第である。

2-1　ハードな法実証主義の擁護

日本でマーモーの名前が挙げられる時は、現代法実証主義の代表的論者として紹介される機会が多い[(4)]。また、法実証主義者としてのマーモーの主張は、本書の3章でも強く反映されている。マーモーは現代法実証主義の論者の中でも、「排除的法実証主義」(exclusive legal positivism)、ないし「ハードな実証主義」(hard positivism) と呼ばれる立場に分類され、また、本人もそれを自認する[(5)]。マーモーの法実証主義的立場は、著書である *Positive Law & Objective Values* で、中心的にまとめられている。筆者の私見では、現代法実証主義の論争状況を紹介する邦語文献はそれほど多いとは言えない状況であるように思われ、ここでは現代法実証主義の論争状況についても簡単に触れておくことにする。

そもそも「法実証主義」とはどのような立場なのだろうか。H・L・A・ハートによると、「法実証主義」という立場には、以下の五つの意味が並列して主張されてきた[(6)]。

(1) 法律は人間の命令である。

(2) 法と道徳あるいは「在る法」と「在るべき法」の間には必然的な関連はない。

(3) 法的諸概念の分析は、歴史的・社会学的研究や他の批判的評価からは区別されるものである。

(4) 法体系は「閉じた論理的体系」である。

(5) 道徳的判断は事実言明のように、合理的な議論や証拠によって論証・証明ができない。

ハートはこれらの中から、(2)と(3)の主張を妥当な法実証主義の主張として擁護した。[7] 特に(2)の主張は、法と道徳の必然的な関連を主張する自然法論との最大の対立点とされ、法実証主義と自然法論はそれぞれに対立する学派だと一般に見做されるようになった。

現代の法実証主義論争の入り組んだ関係や構造は、ドゥオーキンによるハート批判まで遡るとされる。[8] ハートは、主著である『法の概念』において、ルールの概念を用いた法体系の説明を試みたことはよく知られている。本書の第2章でも触れられているが、まずルールは、一次ルールと二次ルールに区別され、法はその二つの組み合わせであると、ハートは主張した。[9] 二次ルールの中でも特に重要なルールは「認定〔承認〕のルール」(rule of recognition)である。認定のルールは、ある特定のルールをルールと認めるためのルール(いわば、ルールについてのルール)であり、例えば、認定のルールが「国会による立法や裁判所の判例や商慣習は、法的効力を持つ」といった内容を含むとしよう。この事例の場合、「国会による立法や裁判所の判例や商慣習」というルールが、認定のルールにより、法的ルールだと認められる。また、彼によれば、認定のルールは、公務員が一定の慣行に従っているという社会的事実で確認することが可能である。ハートの理論の枠組みでは、認定のルールをはじめとする二次ルールの存在が、道徳をはじめとする他のルールとは区別されるような法体系の特徴を説明する顕著な要素となる。

上述のハートの主張をドゥオーキンは正面から批判した。本書の第4章でも説明されるように、ドゥオーキンによると、法体系あるいは実際の法的判断においては、ルールだけではなく、道徳的考慮も含まれる「原理」(principle)と呼ばれるものも包摂すると主張する。[10] ドゥオーキンの主張が正しいのであれば、「法と道徳の間には必然的な関連はない」という法実証主義の根幹をなすテーゼが否定されることになる。その後の法実証主義の陣営は、ドゥオーキンのハート批判に対する応答が迫られ、大きく二つの立場に別れた[11]。一つ目の立場は、前述したようにマーモーが支持する立場である排除的法実証主義の立場であり、二つ目の立場は「包摂的法実証主義」(inclusive legal positivism)もしくは「ソフトな法実証主義」(soft legal positivism)と呼ばれる立場である。この二つの立場は、法は道徳と区別されるという点で見解は一致するが、法は評価的な基準ではなく社会的事実だけによって確認されるという主張——しばしば「源泉テーゼ」(sources thesis)と呼ばれる——を認めるかどうかという点で、見解がわかれる。

マーモーが師事したラズは、排除的法実証主義の代表的論者であり、源泉テーゼを擁護し、またそのことによって、法と道徳が区別されることを主張した[12]。基本的にラズとマーモーは源泉テーゼの支持を伴う法実証主義の擁護という点で、軌を一にする。これに対し、J・コールマンやW・ワルチャウを代表論者とする包摂的法実証主義の論者たちは源泉テーゼを否定し、それでもなお、法と道徳を区別するという法実証主義のテーゼを擁護できることを主張している。これらの論者たちによれば、ドゥオーキンが主張するような道徳的考慮を含む原理であっても、認定のルールによって認められるのであれば、法でありうる[13]。

生前のハートはドゥオーキンの批判に対して明示的な応答を行わなかったが、死後に出版された『法の概念』の「後記」において、ドゥオーキンの批判に応答し[15]、自らは「ソフトな法実証主義」の立場に立つことを明言した[14]。この結果、論争はより先鋭化し、現在もなお決着を見せていない。本書の第4章において、マーモーは排除的実証主義の立場から、包摂的実証主義を批判している。

以上の立場はあくまでも「法実証主義のテーゼは記述的なものとして捉えるべきだ」という立場で

ある。現代の法実証主義内部の論争をより複雑にさせているのは、先に挙げた二つの立場に加え、「法実証主義のテーゼを規範的なものとして捉えるべきだ」と主張する「規範的法実証主義」(normative legal positivism) という立場が近年は台頭していることである。この立場の代表論者としては、キャンベルやウォルドロンが挙げられる[16]。マーモーはあくまでも「法実証主義のテーゼは記述的なものとして捉えるべきだ」という立場を支持しており[17]、本書の第5章では、マーモー自身が規範的法実証主義の立場を整理・検討し、批判を加えている。マーモーの議論が説得力を持つかどうかという点については、読者自身で判断してほしい。

これまで説明したように、源泉テーゼを支持する排除的実証主義を擁護するという点で、マーモーの立場は、ラズの立場と重なる。しかしながら、マーモーはラズとは異なるアプローチとして、デイヴィッド・ルイスのコンヴェンション論[18]を法実証主義の問題に応用するという方向性を提案している。

2-2 コンヴェンション論

これまでの議論から、マーモー自身の法実証主義の立場をまとめるのであれば、ハートとラズの法理論に加えて、ルイスのコンヴェンション論を組み合わせたものと捉えることができよう。ラズもマーモーも、ハートの議論には「法に人々が従う理由はどのようにして生ずるのか」という問題、いわば法の規範性に対する説明が不足しているという点でも見解が一致している(本書:三五―七頁)。また、ハートの枠組みの中で説明が不足しているとされる法の規範性に対する説明を補うために、本書の第3章でも取り上げられている「権威」(authority) と呼ばれる概念を導入し(本書:八二―九五頁)、「法は自らが正統な権威であることを必然的に主張する」と論じたことは、日本でもよく知られている。[19]「法は自らが正当な権威であることを必然的に主張する」という法が持つ特徴は、法を道徳的ルールから区別する基準ともなる（本書：八二頁）。

ただし、マーモーは、ラズの理論をおおむね受け入れる一方で、不足している部分もあると考える。それは、本書（九五—六頁）でも指摘されているように、法が必然的に権威を主張することを認めたとして、「誰が法的権威であり、そのような権威がいかに構成されるか」という点である。また、源泉テーゼを支持する排除的法実証主義の立場と整合性を持たせるためには、この説明は、社会的事実に根拠を求める必要がある。

一見、この問題は、ハートの認定のルールを導入することで解決できるようにも見える。しかし、認定のルールの存在を指摘するだけでは、この問題を解決するには不十分である。「裁判官をはじめとする公務員がどうして認定のルール（法的権威）に従わないといけないのか？」という問題に対して、「認定のルール（法的権威）に公務員が従っている社会的事実が存在する」と指摘することだけでは、この問いに対して正面から答えていないからである（本書：九六頁）。

ここで導入されるアプローチこそが、ルイスのコンヴェンション論である。[20]ルイスは、繰り返し起こる大規模な調整問題の解決という目的をまず想定し、特定の調整問題が繰り返し起こり、かつ集団内で合意が得られにくいときに、なんらかの社会的ルールが発生すると論じた。[21]この社会的ルールこそがコンヴェンションである。[22]ただし、ルイスのモデルを法理論に導入する場合、修正を施す必要があるとも論じ、[23]特にレスリー・グリーンの批判を受けて、[24]繰り返し起こる大規模な調整問題の規範的解決という前提を法理論に持ち込む必要はないと主張する。なぜならば、法の目的は調整問題の解決だけではないし、当事者間の深刻な利益の対立が、調整問題には存在しないからである（本書：一一

○頁、脚注二二)。

マーモーは、ルイスのモデルから調整問題の解決という目的を除去した上で、コンヴェンションが持つ一般的な特徴を取り出し、再構成を行なっている。このように再構成したコンヴェンションのモデルを構成的コンヴェンション(constitutive convention)と呼ぶ[25]。彼によると、構成的コンヴェンションは、二つの重要な特徴を持つ[26]。一つ目のものは、**恣意性**である。これは、他にも従うことが可能なルールがあったにも関わらず、一つの特定のルールに従うという特徴である。二つ目は**現実に従われていること**である。これは他の人々もその特定のルールに従っている事実自体が、その特定のルールに従う理由や規範性を生じさせているということを意味する。

マーモーの見解では、少なくとも認定のルールに関して、この二つの特徴は容易に社会的事実として確認が可能することができる[27](本書:一〇四―五頁)。まず異なる別々の法体系では、それぞれ各国が異なる認定のルールを持つため、他にも従うことが可能な認定のルールが存在する。しかし、各国は(主に自国の法体系内部の)特定の認定のルールに従っているという社会的事実から、恣意性を確認することができる。また、裁判官を含めた公務員が認定のルールに従っている理由やそのルールの規範性は、他の公務員がそのルールに従っているという事実にかなりの程度依存している。

このように、マーモー自身はハートとラズの法理論に不足している法の規範性の説明を(源泉テーゼと整合性を保った上で)コンヴェンションの議論で補足することができると考えている。以上を踏まえて、マーモーの法実証主義的な立場は、「法規範は法的権威の発する指令として解釈される。またそのような法規範のある社会では、法的権威とされるのは誰であるか、またいかに法的権威が構成されるかを決定する社会的慣習[社会的コンヴェンション]が存在し、法的権威はその慣習によって同定される」（本書：一〇七―八頁）とまとめることができよう。このようなコンヴェンションに関する関心は、近著の *Foundations of Institutional Reality* で展開されている制度的事実論や社会存在論に対する関心にも繫がっていると推測される。

2-3 法哲学と言語哲学の接点

ルイスのコンヴェンション論は、もともと言語的慣習をターゲットとするものであった。マーモーの著作の一つである *Social Conventions* では言語的慣習と法的慣習の関係が論じられており、ここから彼の言語哲学的関心も伺い知ることができる。この著作だけに限らず、処女作の *Interpretation and Legal Theory* から現在に至るまで、法と言語に関わる哲学的問題はマーモーの主要な研究関心の一つであり、実際に英語圏の言語哲学的なアプローチが、著作や論文の中で積極的に取り入れられている。彼の言語哲学への関心は、（先にも述べたように）南カリフォルニア大学在籍時に同僚であった言語哲学者のソームズの影響によって一層強まり、マーモーとソームズの二人によって編纂された論文集が二〇一一年に公刊された[28]。また、二〇一四年には、法解釈論と言語哲学の接点という研究テーマの集大成とも言える *The Language of Law* も公刊され、本書の第6章ではこのテーマにおけるマーモーの見解が簡潔にまとめられている[29]。

法哲学と言語哲学の関係については、しばしばハートが引き合いに出されるが、ハート自身が『法の概念』の「はしがき」でも述べているように[30]、ハートがJ・L・オースティンを代表論者とするような日常言語学派の言語哲学に影響を受けていることはよく知られている。ハートとはまた別の文脈になるが、ティモシー・エンディコットは、法哲学において言語の哲学的問題が重要である理由として、（1）法が言語を用いること、（2）法と言語の近似性、（3）法理論家は言語を用いなくてはならないこと、という三つを挙げている[31]。

このような法と言語の密接な関係から、法哲学にも言語哲学的な考察が不可欠なように見えるが、近年まで言語哲学的なアプローチは、（少なくとも主流として）そこまで注目されてこなかったように思われる。この背景として、マーモーは主に二つの理由を挙げているのだが[32]、一つ目はハートが直接影響を受けた日常言語哲学派が衰退し、それ以降はD・デイヴィドソンの真理条件意味論[33]や、H・パトナムの自然種の理論[34]が影響力を持ったという言語哲学内部の議論の変化である。二つ目は、ドゥオーキンの『法の帝国』における、「法とは何か」をめぐって法律家の中で同一の基準を保持しているという意味論的アプローチへの批判、および「意味論的毒牙」の議論[35]が、一定の影響力を持ったという点である。

しかし、前者の点に関しては、仮に日常言語学派の議論に問題点があるのだとしても、それ以外の言語哲学の議論を援用することで、法理論を洗練させる可能性は開かれている。また、後者のドゥオーキンの主張に対しても、ラズやマーモーは、「意味論に対する非常に単純すぎる構図だ」と強い批判を寄せた[36]。法哲学と言語哲学との関係についてはまだ多くの探求の余地が残されており、実際に、この方向性を追究した近年の英語圏の代表的著作として、エンディコットの *Vagueness in Law* を挙げることができるだろう[37]。

法哲学と言語哲学の接点というテーマにおいて、近年のマーモーの業績として特筆すべきものは、法解釈の問題においてしばしば語用論と呼ばれる次元の不確定性が影響することを指摘したという点[38]である（本書：第6章）。語用論は語や文が共通に持つ確定された内容を扱う意味論と区別され[39]、話者が発話した時点の文脈や規範的要素によって左右される語や文の内容を扱う領域である。マーモーによれば、語用論を意味論と区別する特徴は二つ存在する。すなわち本書で例が挙げられているような特定の会話の文脈（本書：一九八—九頁）に語や文の内容が依存するかどうかということと、ポール・グライスが推意（implicature）と呼んだ会話の暗黙的内容が含まれるかどうかという点である[40]（本書：二〇〇—二頁）。通常の会話・コミュニケーションでは、協調的行動がとられるため、推意の暗黙的内容に話者も聞き手もお互いにコミットすることが期待される[41]。会話で前提とされる暗黙的内容は膨大な数が想定され、それらをグライスは「会話的推意」（conversational implicature）と呼ぶ。

ただし、法的文脈においては、通常の会話で行われる協調的行動が行われず、特に立法府と裁判所の間で戦略的行動（非協調的行動）が取られる[42]。そのため、法的文脈では、本書で紹介されているように、立法府の意図した推意を裁判所が意図的に無視する事例や、立法府が同じ条文に対して異なる二つのメッセージを暗黙的内容として発する事例が多々ある（本書：二〇二—六頁）。法解釈における語用論レベルの不確定性は、憲法解釈の原理的な問題にまで大きく影響することもマーモーは論じている[43]。このように、言語哲学的アプローチを用いて、法解釈における語用論的側面を明らかにしたマーモーの功績は大きいといえよう。マーモーの議論は少なからず他の論者にも影響を与え[44]、このテーマに関して、マーモー本人も論文を寄稿している *Pragmatics and Law* と題された論文集も二〇一六年に刊行された。

これらのマーモーの主張はいずれも無視できないものであると筆者は考えており、国内でもマーモーの議論の受容が今後進展することを願っている。

原注

(1) これらの三つの点の全てにおいて、ロナルド・ドゥオーキンの立場とは大きく対立しており、本書では各所でドゥオーキンへの批判が展開されている。

(2) 長谷部恭男『比較不能な価値の迷路（増補新装版）』第八章。

(3) Ibid. 一九〇頁。

(4) 濱真一郎『法実証主義の現代的展開』七章。

(5) Marmor, *Positive Law and Objective Values*, chap. 3.

(6) Hart, *Essays in Jurisprudence and Philosophy*, pp. 57-58.〔邦訳：九八頁〕

(7) Hart, "Legal Positivism" p. 419.

(8) 深田三徳『現代法理論論争』一六三―六頁。

(9) Hart, *The Concept of Law*, chap. 5.

(10) Dworkin, *Taking Rights Seriously*, chap. 2.

(11) 深田三徳『現代法理論論争』一六六―七頁と濱真一郎『法実証主義の現代的展開』七―一〇頁を参照。

(12) Raz, The Authority of Law, chap. 3.

(13) Coleman, "Negative and Positive Positivism"; Waluchow, *Inclusive Legal Positivism*.

(14) Hart, *The Concept of Law*: 2nd ed., pp. 250-254.〔邦訳：三八三―九頁〕

(15) 『法の概念』の「後記」に対する法哲学者の反応は、コールマンが編纂した論文集であるColeman, ed., *Hart's Postscript: Essays on the Postscript to "The Concept of Law"* で、概観することができる。

(16) Campbell, *The Legal Theory of Ethical Positivism*; Waldron, "Normative (or Ethical) Positivism".

(17) 本書でマーモーが指摘するように（八―九頁）、この対立は「法哲学は何らかの対象を記述する役割を果たすべきである」という立場と「法哲学は何らかの規範的判断を含まざるを得ない」という立場の間での方法論上の対立と見做すことができる。この方法論上の問題を考察する領域として、「法哲学方法論」（The methodology of legal philosophy）ないし「法哲学の哲学」（The philosophy of legal philoso-

phy）と呼ばれる領域に近年注目が集まっている。法哲学方法論の議論を考察する代表的論者としては、ジュリー・ディクソンの名前を挙げることができよう。ディクソンは、この問題に関して「間接評価的な法理論」（indirectly evaluative legal theory）と呼ぶ立場を擁護しているが、彼女の立場や主張については、Dickson, *Evaluation and Legal Theory* と、近作である *Elucidating Law* の二つの著作を参照されたい。

（18） Lewis, *Convention*.

（19） Raz, "Authority, Law, and Morality" を参照。また、ラズの法理論を検討した国内の包括的研究として、服部久美恵「ジョセフ・ラズの法理論における遵法義務」を挙げることができる。

（20） マーモー自身によるルイスのコンヴェンション論への注目は、"On Convention" という論文まで遡ることができる。コンヴェンション論を具体的に法的文脈へ応用する議論については *Positive Law and Objective Values*: ch. 1 *Social Conventions*: chap. 7 を参照。

（21） マーモーの主要な批判対象の一人であるドゥオーキンはコンヴェンション論そのものに否定的である。ドゥオーキンは、『法の帝国』では、法体系を慣習や慣行の成立を根拠として説明することを否定し（Dwrokin, Law's Empire: chap. 4）、そもそも認定のルールの存在自体に懐疑的である（Ibid.: chap. 1）。

（22） ルイスのコンヴェンション論を法理論に導入する事例として、マーモーは、Postema, "Coordination and Convention at the Foundations of Law"; Gans, "The Normativity and Law"; Finnis, *Natural Law and Natural Rights*; Lagerspetz, *The Opposite Mirrors* などの文献を挙げている（Marmor, *Social Conventions*, p. 156, n. 5）.

（23） *Positive Law and Objective Values*: pp. 11-13.

（24） Green, "Positivism and Conventionalism"、および本書一〇四頁を参照。

（25） *Positive Law and Objective Values*: pp. 12-15.

（26） Ibid: pp. 10-11、および本書一〇〇頁を参照。

（27） *Positive Law and Objective Values*: p. 17、および本書：一〇四―五頁を参照。

（28） Marmor and Soams, eds., *The Philosophical Foundations of Language in Law*.

（29）法哲学と言語哲学の接点というトピックに関しては、エンディコットがこの領域の現状を簡潔にまとめている（Endicott, "Law and Language"）。なお、このような言語哲学的アプローチを批判する論文として Green, "Dworkin's Fallacy, or What the Philosophy of Language Can't Teach Us about the Law" も挙げることができる。

（30）Hart, *The Concept of Law*, 2nd ed., p. vi.［邦訳：一二頁］

（31）Endicott, "Law and Language" pp. 937-939.

（32）Marmor, *The Language of Law*, pp. 3-5.

（33）Davidson, *Inquiries into Truth and Interpretation, Second Edition*.

（34）Putnam, *Mind, Language and Reality* (*Philosophical Papers, Volume 2*).

（35）Dworkin, *Law's Empire*, pp. 31-44, 45-46.［邦訳：五六―七五、七九―八一頁］

（36）Raz, *Between Authority and Interpretation*, chap. 2; Marmor, *Interpretation and Legal Theory*, pp. 3-8.

（37）このエンディコットの著作に関しては、長谷部恭男が著書の中で解説を行なっている（長谷部恭男『比較不能な価値の迷路』補論Ⅰ）。この著作以外にも、法哲学と言語哲学の接点をテーマとするモノグラフとして、Bix, *Law, Language and Legal Determinacy* や Asgeirson, *The Nature and Value of Vagueness in the Law* などを挙げることができる。

（38）法解釈における語用論の問題に関しては、処女作の *Interpretation and Legal Theory* pp. 17-22 でも論じられているが、この問題に関して、マーモーがより本格的に論じる契機となった論文として、Marmor, "Pragmatics of Legal Language" を挙げることができる。

（39）ただし、語用論の領域と意味論の領域がどこまで区別できるかという点は、言語哲学上では議論がわかれ、その区別を疑問視する声もある（cf. Szabó, "The Distinction between Semantics and Pragmatics"）。

（40）グライスの会話的推意の理論については、三木那由多『グライス 理性の哲学』（第三―第四章）における解説が参照になる。

（41）もちろん、この期待が裏切られることは多々あり、話者と聞き手が協調的コミュニケーションを行うという会話の理想的な状態から逸脱することによって生ずる（法的問題も含んだ）様々な問題については、Cappelen and Dever, *Bad Language* で論じられている。

（42）マーモーが想定する立法と司法の戦略的コミュニケーションについては本書第6章を参照。また、この論点については、濱『法実証主義の現代的展開』第二章でも検討されている。

（43）Marmor, *The Language of Law*: chap. 6 を参照。またこのマーモーの議論を検討した論文として、伊藤克彦「規範的概念の論争性と憲法解釈」も参照。

（44）Capone and Poggi, eds., *Pragmatics and Law*.

参考文献（本文の文献表に記載のものは除く）

Asgeirsson, Hrafn, *The Nature and Value of Vagueness in the Law*, Oxford: Hart Publishing, 2020.

Bix, Brian, 1996, *Law, Language and Legal Determinacy*, Oxford: Oxford University Press, 1996.

Capone, Alessandro and Poggi, Francesca eds., *Pragmatics and Law*, Cham: Springer, 2016.

Cappelen, Herman and Dever Josh, *Bad Language*, New York, NY: Oxford University Press, 2019.［邦訳：葛谷潤・杉本英太・仲宗根勝仁・中根杏樹・藤川直也訳『バッド・ランゲージ：悪い言葉の哲学入門』、勁草書房、二〇二二年］

Davidson, Donald, *Inquiries into Truth and Interpretation, Second Edition*, Oxford: Clarendon Press, 2001.

Dickson, Julie, *Elucidating Law*, Oxford: Oxford University Press.［邦訳：森村進（監訳）『法哲学の哲学（仮）』、勁草書房、二〇二四年刊行予定］

Endicott, Timothy A. O., "Language and Law" in J. Coleman and S. Shapiro eds., *The Oxford Handbook of Jurisprudence & Philosophy of Law*, New York: Oxford University Press, 2002.

Endicott, Timothy A. O., "Law and Language", URL= 〈https://plato.stanford.edu/entries/law-language/〉.

Green, Michael, "Dworkin's Fallacy, or What the Philosophy of Language Can't Teach Us about the Law", *Virginia Law Review*, vol.89, 2003.

Hart, H. L. A., "Legal Positivism", in Paul Edwards ed., *Encyclopedia of Philosophy*, vol. 4, New York: Macmillan, 1967.
Marmor, Andrei, "On Convetion" *Synthese*, Vol.107, 1996.
Marmor, Andrei, *Positive Law and Objective Values*, Oxford: Oxford University Press. 2001.
Marmor, Andrei, *The Language of Law*, New York, NY: Oxford University, 2014.
Marmor, Andrei, *Foundations of Institutional Reality,* New York, NY: Oxford University Press, 2022.
Postema, Gerald, "Coordination and Convention at the Foundations of Law" *Journal of Legal Studies* vol. 11, 1982.
Putnam, Hilary, Mind, *Language and Reality*（*Philosophical Papers, Volume* 2）, Cambridge: Cambridge University Press, 1975.
Szabó, Zoltán Gendler, 'The Distinction between Semantics and Pragmatics', in Ernie Lepore, and Barry C. Smith eds., *The Oxford Handbook of Philosophy of Language*, Oxford: Oxford University Press, 2009.
伊藤克彦「規範的概念の論争性と憲法解釈：憲法理論への言語哲学的アプローチ」『現代思想』第五〇巻三号、二〇二二年
長谷部恭男『比較不能な価値の迷路（増補改訂版）』東京大学出版会、二〇一八年
服部久美恵「ジョセフ・ラズの法理論における遵法義務」『早稲田大学大学院法研論集』（1）第一六一号、二〇一七年：（2）第一六二号、二〇一七年：（3）第一六三号、二〇一七年：（4）第一六四号、二〇一七年
濱真一郎『法実証主義の現代的展開』成文堂、二〇一四年
深田三徳『現代法理論論争』ミネルヴァ書房、二〇〇四年
三木那由多『グライス 理性の哲学』勁草書房、二〇二二年

〔謝辞〕 本解説に対しては、山本啓介、吉原雅人の各氏から丁寧なコメントをいただいた。御礼を申し上げる。

監訳者あとがき

本書はPrinceton Foundations of Contemporary Philosophyの一冊として刊行されたAndrei Marmor, *Philosophy of Law* (Princeton University Press, 2011) の全訳である。著者のアンドレイ・マーモーについては伊藤克彦さんの解説に委ね、ここでは本書についてだけ簡単に書いておきたい。

*　*　*

法哲学あるいは法理学がカバーする領域は広く、法学各分野の基本的な問題もあれば、倫理学や政治哲学や社会学や法史学と重なる部分もあるが、本書は日本では「法概念論」、英語では〝general jurisprudence〟(一般法理学)と呼ばれることが多い領域に大部分集中していることが、大きな特色である。「法とは何か?」という問題やそれに関連して法哲学方法論を論ずるこの分野は法哲学の中でも最も特徴的かつ中核的な分野なのだが、少なくとも現在日本語で読める法哲学の概説書に限ると、この分野だけに焦点をあてた書物はほとんど見当たらない。多くの概説書はそれ以外の領域をも(あるいはむしろそれ以外の領域の方を一層詳しく)取り扱っていることが多いからである。この点本書は、第6章「法と言語」はやや例外だが、序章の終わり(一二一一三頁)で書かれているように、法哲学の各論的なテーマにも、それらよりも総論的な〈法の支配〉とか〈リーガリズム〉とか正義論を含む〈法価値論〉といったテーマにも触れていない（私の『法哲学講義』（筑摩選書、二〇一五年）も同じようなアプローチをとったが、本書ほどは徹底していない）。また歴史的な記述も少ない。

その反面として、本書は短い書物ながら法概念論についてケルゼン、ハート、ラズ、ドゥオーキン、ウォルドロンといった重要な法理論家の説をやや立ち入って検討し、二十一世紀初頭における最新の理論状況を的確に整理しているという点で、他の日本語による概説書に見られない特長を持っている。そのため専門家はもとより広い範囲の読者は、本書を法哲学へのやや高度な入門書あるいは概説書として利用することができる。ただし本書は決してさまざまの理論を中立的に解説するだけで終わるものではない。マーモーは現代の英語圏法哲学で有力な、あるタイプの（第4章で取り上げられる包摂的ヴァージョンではない）記述的法実証主義の立場を打ち出している。彼の見解に必ずしもすべて賛成しない読者も、この旗幟鮮明な執筆態度が本書の議論の多くの明断化に役立っていることを否定できないだろう。

各章については序論がその内容を要約しているので、それとの無用な重複を避け、私が感じた特色を以下に述べる。

第1章はケルゼンの「純粋法学（法の純粋理論）」が検討される。内外を問わず純粋法学に関する議論は「根本規範」という独特の概念ばかりに焦点をあてることが多いが、マーモーはそれ以上に純粋法学の非還元主義の方法論が持つ難点を指摘している。

第2章の対象は現代の法哲学で最も重要な著作であるハートの『法の概念』である。マーモーはおおむねハートの法理論に肯定的だが、ハートが法と主権との結びつきを過小評価したことや、人々が法に従いその権威を認める理由についてほとんど述べなかったことに対しては批判的である。後者の点は次の第3章で再論される。なおマーモーがハートのジョン・オースティン批判よりもむしろハートとケルゼンの間の類似と相違を重視していることも注目に値する。これは『法の概念』を注意深く読まなければ見過ごされやすい肝要な論点だ。

第3章は法的権威の根拠が論じられる。ここで手がかりとなるのは、デイヴィド・ルイスが開発した「コンヴェンション（慣習・慣例・規約）」概念と、ラズの法理論である。

第4章と第5章は、これまでの部分で前提されていた法実証主義に対する現代のさまざまの反論を批判的に検討する。第4章はドゥオーキンの影響力あるハート批判、特に司法裁量論批判を取り上げて、それがいくつもの妥当な指摘を含んでいるとはいえ、最終的には法と道徳の分離論は維持されると論ずる。第5章はさらに方法論的な問題を論じて、今日の法哲学で「規範的法実証主義」という名の下で論じられている諸理論を五つのタイプに分類している。それらの中には、マーモーが支持する記述的法実証主義と両立するものもあれば両立しないものもある。この二つの章は、大胆な主張を行いながら流動的でとらえがたいドゥオーキンの解釈的法理論を彼自身よりも明確に説明しているという点でもありがたい。

最後の第6章は第4章の法解釈に関する議論を受けて、言語一般ではなく法の言語の曖昧性を論ずる。これはマーモーが特に研究してきた領域だが、特に立法における曖昧さの由縁の説明は私にとって目新しかった。

なお全体として、ハートもドゥオーキンも含めて英語圏の従来の法哲学はコモン・ローと慣習法を取り上げることが多かったのに対して、本書は法の効力にとっての社会慣習の重要性を指摘しているとはいえ、序論冒頭からも明らかなように、議会の制定法を主として念頭に置いている。これは現代の行政国家化を考えると納得できるアプローチである。

＊　＊　＊

本書の翻訳は、以前からマーモーの著作に関心を持ってきた伊藤克彦さんの提案によるものである。複数の目を通して最善の翻訳を提供するため、伊藤さんはじめ四人の法哲学研究者が共訳することになった。担当部分は次の通りである

序章・第3章　森　村
第1―2章　永　石
第4章　服　部
第5―6章　伊　藤

年の功で私が監訳者として全体の統一をさせてもらうことになった。邦訳が存在する文献への言及・引用については訳書を参照し利用したが、必ずしもその訳文のままでない個所もある。原題は『法哲学』というシンプルなものだが、本書のねらいをより明確にするため、訳題は『現代法哲学入門』とした。

本書は勁草書房の「基礎法学翻訳叢書」の最初の一冊として刊行される。刊行に至るまで尽力と助言を惜しまれなかった編集部の山田政弘さんに感謝する。

私はこの訳書が日本の読書層の法哲学への関心と理解を高めることを祈ってやまない。

二〇二三年七月

森　村　進

■原著者

アンドレイ・マーモー（Andrei Marmor）
本書刊行時は南カリフォルニア大学哲学教授・法学教授だったが、2015年よりコーネル大学法学・哲学教授。専門は法哲学。著書として本書のほか Interpretation and Legal Theory, 2nd ed.（Hart Publishing, 2005）; Law in the Age of Pluralism（Oxford, 2007）; Social Conventions: From Language to Law（Princeton, 2009）; The Language of Law（Oxford, 2014）, Foundations of Institutional Reality（Oxford, 2022）, 編書として The Routledge Companion to Philosophy of Law（Routledge, 2014）がある。

■監訳

森村　　進（もりむら　すすむ）
一橋大学名誉教授・日本法哲学会前理事長
専門：法哲学
業績：『法哲学講義』（筑摩書房、2015年）、『幸福とは何か』（筑摩書房、2018年）、『法哲学はこんなに面白い』（信山社、2020年）、『自由と正義と幸福と』（信山社、2021年）など。

■翻訳・訳者解説執筆

伊藤　克彦（いとう　かつひこ）
神奈川大学・千葉工業大学・和光大学非常勤講師
専門：法哲学
業績：「規範的概念の論争性と憲法解釈」『現代思想』第50巻3号（2022年）、「本質的に論争的な概念をめぐって」『一橋法学』第15巻1号（2016年）など。

■翻訳

永石　尚也（ながいし　なおや）
東京大学大学院情報学環准教授
専門：法哲学
業績：「リスクの踊り場　法システムのコレオグラフィーへ」情報学研究第102号（2022年）、「プライバシー・監視・アーキテクチャ　「AIと法」の余白」『法政策学の試み』第20集（2020年）。「法の執行と正統性　「法の前」の個人／アーキテクチャ」『法政策学の試み』第19集（2019年）など。

服部久美恵（はっとり　くみえ）
京都大学研究員
専門：法哲学
業績：「距離を置いた法的言明：法実証主義の理論拠点およびポスト言語論的転回の展望として」『法哲学年報2019』（有斐閣、2020年）など。

事項索引

人名索引

文献表

Arneson, Richard. “Democracy Is Not Intrinsically Just.” In *Justice and Democracy*, edited by K. Dowding and R. E. Goodin. Cambridge: Cambridge University Press, 2004, 40.

Austin, John. *The Province of Jurisprudence Determined*. London: J. Murray, 1832.

Bentham, Jeremy. *An Introduction to the Principles of Morals and Legislation*. A reprint of the edition of 1823, which contains the author's final collections. New York: Hafner, 1948.［ベンサム『道徳および立法の諸原理序説　上・下』（中山元訳、ちくま学芸文庫、2023年）］

Campbell, Tom. *The Legal Theory of Ethical Positivism*. Brookfield, VT; Aldershot, UK: Dartmouth, 1996.

Cohen, Marshall, ed. *Ronald Dworkin and Contemporary Jurisprudence*. London: Duckworth; Totowa, NJ: Rowman and Allanheld, 1984, 28.

Coleman, Jules. “Negative and Positive Positivism.” *Journal of Legal Studies* 11, no. 1（1982）: 139-64.

———. *The Practice of Principle*. New York: Oxford University Press, 2001.

Coleman, Jules, ed. *Hart's Postscript: Essays on the Postscript to* The Concept of Law. Oxford: Oxford University Press, 2001.

Dan-Cohen, Meir. “Decision Rules and Conduct Rules: On Acoustic Separation in Criminal Law.” In *Harmful Thoughts*, 37. Princeton, NJ: Princeton University Press, 2002.

Darwall, Stephen. “Authority and Second-Personal Reasons for Acting.” In *Reasons for Action*, edited by D. Sobel and S. Wall, 134. Cambridge: Cambridge University Press, 2009.

Dickson, Julie. *Evaluation and Legal Theory*. Oxford: Hart Publishing, 2001.

Dworkin, Ronald. *Justice in Robes*. Cambridge, MA: Belknap Press of Harvard University Press, 2006.［ドゥオーキン『裁判の正義』（宇佐美誠訳、木鐸社）］

———. *Law's Empire*. Cambridge, MA: Belknap Press of Harvard University Press, 1986.［ドゥオーキン『法の帝国』（小林公訳、未来社）］

———. *Taking Rights Seriously*. London: Duckworth, 1977.［ドゥオーキン『権利論・増補版』（小林公ほか訳、木鐸社）、『権利論Ⅱ』（小林公訳、木鐸社）］

Elster, Jon. *Ulysses Unbound*. Cambridge: Cambridge University Press, 2000.

Endicott, Timothy A. O. *Vagueness in Law*. New York: Oxford University Press, 2001.

Finnis, John. *Natural Law and Natural Rights*. New York: Oxford University Press, 1980.

———. “On Reason and Authority in *Law's Empire*.” *Law and Philosophy* 6, no. 3（1987）: 357.

Fuller, Lon. “Positivism and Fidelity to Law: A Reply to Professor Hart.” *Harvard Law Review* 71（1958）: 630.

Gallie, W. B. “Essentially Contested Concepts.” *Proceedings of the Aristotelian Society*（1956）: 167.

Gardner, John. “Legal Positivism:, 5 1/2 Myths.” *American Journal of Jurisprudence* 46（2001）: 199-277.

Gavison, Ruth, ed. *Issues in Contemporary Legal Philosophy: The Influence of H.L.A. Hart*. Oxford: Clarendon Press, 1987.

George, Robert P., ed. *Natural Law Theory*. Oxford: Clarendon Press, 1992.

Green, Leslie. *The Authority of the State*. Oxford: Clarendon Press, 1990.

———. “The Concept of Law Revisited.” *Michigan Law Review* 94(1996): 1687.

———. “The Political Content of Legal Theory.” *Philosophy of the Social Sciences* 17（1987）: 1-20.

———. “Positivism and Conventionalism.” *Canadian Journal of Law and Jurisprudence* 12, no. 1

(1999): 35–52.
Grice, H. Paul. *Studies in the Way of Words*. Cambridge, MA: Harvard University Press, 1981.
Hart, H.L.A. *The Concept of Law*. 1st ed. Oxford: Clarendon Press, 1961.
———. *The Concept of Law*. 2nd ed., with a postscript edited by P. Bulloch and J. Raz. Oxford: Clarendon Press, 1994.［ハート『法の概念［原書第 3 版］』（長谷部恭男訳、ちくま学芸文庫、2014 年）］
———. *Essays in Jurisprudence and Philosophy*. Oxford: Clarendon Press, 1983.［ハート『法学・哲学論集』（矢崎光圀ほか訳、みすず書房、1990 年）］
———. *Essays on Bentham*. Oxford: Clarendon Press, 1982.［ハート『権利・功利・自由』（部分訳・小林公＝森村進訳、木鐸社）］
Hartogh, Govert den. *Mutual Expectations: A Conventionalist Theory of Law*. New York: Kluwer Law International, 2002.
Himma, Kenneth. "Inclusive Legal Positivism." In *The Oxford Handbook of Jurisprudence and Philosophy of Law*, edited by J. Coleman, S. Shapiro, et al. New York: Oxford University Press, 2002.
Hobbes, Thomas. *Leviathan*. Edited by Edwin Curley. Cambridge: Hackett, 1994.［ホッブズ『リヴァイアサン』（複数の邦訳あり）］
Hohfeld, W. N. *Fundamental Legal Conceptions*. Edited by W. W. Cook. New Haven, CT: Yale University Press, 1919.
Holmes, Oliver Wendell, Jr. "The Path of the Law." *Harvard Law Review* 10（1897）: 457.
Kelsen, Hans. *General Theory of Law and State*. Translated by A. Wedberg. 1945. New York: Russell and Russell, 1961.［ケルゼン『法と国家の一般理論』（尾吹善人訳、木鐸社、1991 年）］
———. *Introduction to the Problems of Legal Theory*. Translated by B. L. Paulson and S. L. Paulson. A translation of Reine Rechtslehre, published in 1934. Oxford: Clarendon Press, 2002.［ケルゼン『純粋法学』（横田喜三郎訳、岩波書店、1935 年）］
———. *Pure Theory of Law*. 2nd ed. Translated by M. Knight. 1960. Berkeley: University of California Press, 1967.［ケルゼン『純粋法学　第二版』（長尾龍一訳、岩波書店、2014 年）］
Lagerspetz, Eerik. *The Opposite Mirrors: An Essay on the Conventionalist Theory of Institutions*. Dordrecht; Boston: Kluwer, 1995.
Leiter, Brian. "Legal Realism." In *Companion to Philosophy of Law and Legal Theory*, edited by D. Patterson, 261. Cambridge, MA: Blackwell, 1996.
———. *Naturalizing Jurisprudence*. New York: Oxford University Press, 2007.
Lewis, David. *Convention: A Philosophical Study*. Oxford: Basil Blackwell, 1968.［『コンヴェンション』（瀧澤弘和訳、慶應義塾大学出版会、2021 年）］
Llewellyn, Karl N. *Jurisprudence: Realism in Theory and Practice*. New Brunswick, NJ: Transaction Publishers, 2008.
MacCormick, Neil. *H.L.A. Hart*. 2nd ed. Stanford, CA: Stanford University Press, 2008.［『ハート法理学の全体像』（原書初版の訳・角田猛之編訳、晃洋書房、1996 年）］
———. "A Moralistic Case for A-Moralistic Law?" *Valparaiso Law Review* 20（1985）.
Marmor, Andrei. "Exclusive Legal Positivism." In *The Oxford Handbook of Jurisprudence and Philosophy of Law*, edited by J. Coleman, S. Shapiro, et al. New York: Oxford University Press, 2002.
———. *Interpretation and Legal Theory*. 2nd ed. Oxford; Portland, OR: Hart Publishing, 2005.
———. *Law in the Age of Pluralism*. New York: Oxford University Press, 2007.
———. "Legal Positivism: Still Descriptive and Morally Neutral." *Oxford Journal of Legal Studies* 26

(2006): 683.
———. "The Pragmatics of Legal Language." *Ratio Juris* 21 (2008): 423.
———. "The Rule of Law and Its Limits." University of Southern California Law and Public Policy Research Paper No. 03-16. April 2003.
Marmor, Andrei. *Social Conventions: From Language to Law*. Princeton, NJ: Princeton University Press, 2009.
Marmor, Andrei, ed. *Law and Interpretation: Essays in Legal Philosophy*. Oxford: Clarendon Press, 1995.
Marmor, Andrei, and Scott Soames, eds., *The Philosophical Foundations of Language in the Law*. Oxford, forthcoming.
Moore, Michael. "The Semantics of Judging." *Southern California Law Review* 54 (1981): 151.
Perry, Stephen. "Hart's Methodological Positivism." In *Hart's Postscript: Essays on the Postscript to* The Concept of Law, edited by J. Coleman, 323. Oxford: Oxford University Press, 2001.
———. "Interpretation and Methodology in Legal Theory." In *Law and Interpretation*, edited by A. Marmor, 123. Oxford: Clarendon Press, 1995.
Postema, Gerald. *Bentham and the Common Law Tradition*. Oxford: Clarendon Press, 1989.
Raz, Joseph. "The Argument from Justice, or How Not to Reply to Legal Positivism." In *The Authority of Law*. 2nd ed. New York: Oxford University Press, 2009.
———. "Authority, Law, and Morality." *Monist* 68 (1985): 295.
———. *The Authority of Law*. Oxford: Clarendon Press, 1979.
———. *Between Authority and Interpretation*. New York: Oxford University Press, 2009.
———. *The Concept of a Legal System*. 1970. Oxford: Clarendon Press, 1980. [『法体系の概念（原書第 2 版）』（松尾弘訳、慶應義塾大学出版会）]
———. *Engaging Reason*. Oxford: Oxford University Press, 1999.
———. *Ethics in the Public Domain*. Oxford: Clarendon Press, 1994. [この論文集に収録された論文の半分は次の訳書に訳出されている。『権威としての法　法理学論集』（深田三徳編訳、勁草書房、1996 年）；『自由と権利　政治哲学論集』（森際康友編訳、勁草書房、1996 年）]
———. "Legal Principles and the Limits of Law." In *Ronald Dworkin and Contemporary Jurisprudence*, edited by M. Cohen, 73. London: Duckworth; Totowa, NJ: Rowman and Allanheld, 1984.
———. *The Morality of Freedom*. Oxford: Clarendon Press, 1986.
———. *Practical Reason and Norms*. 1975. Princeton, NJ: Princeton University Press, 1990.
———. "Two Views on the Nature of the Theory of Law: A Partial Comparison." In *Hart's Postscript: Essays on the Postscript to* The Concept of Law, edited by J. Coleman. Oxford: Oxford University Press, 2001.
Scanlon, Thomas. *What We Owe to Each Other*. Cambridge, MA: Belknap Press of Harvard University Press, 1998.
Schroeder, Mark. "Cudworth and Normative Explanations." *Journal of Ethics and Social Philosophy* 1, no. 3 (2005), at www.jesp.org.
Shapiro, Scott. "Authority." In *The Oxford Handbook of Jurisprudence and Philosophy of Law*, edited by J. Coleman, S. Shapiro, et al., 382. New York: Oxford University Press, 2002.
———. "On Hart's Way Out." In *Hart's Postscript: Essays on the Postscript to* The Concept of Law, edited by J. Coleman, 149. Oxford: Oxford University Press, 2001.
Soames, Scott. "Drawing the Line between Meaning and Implicature—and Relating Both to Assertion." In *Philosophical Essays*, vol. 1, 298-326. Princeton, NJ: Princeton University Press, 2009.

———. *Philosophical Essays*. Vol. 1. Princeton, NJ: Princeton University Press, 2009.
———. *Understanding Truth*. New York: Oxford University Press, 1999.
Stavropoulos, Nicos. "Hart's Semantics." In *Hart's Postscript: Essays on the Postscript to* The Concept of Law, edited by J. Coleman, 59. Oxford: Oxford University Press, 2001.
Waldron, Jeremy. *Law and Disagreement*. Oxford: Clarendon Press, 1999.
———. "Legal and Political Philosophy." In *The Oxford Handbook of Jurisprudence and Philosophy of Law*, edited by J. Coleman, S. Shapiro, et al. New York: Oxford University Press, 2002.
———. "Normative (or Ethical) Positivism." In *Hart's Postscript: Essays on the Postscript to* The Concept of Law, edited by J. Coleman, 410. Oxford: Oxford University Press, 2001.
Waluchow, Wilfrid. *Inclusive Legal Positivism*. Oxford: Clarendon Press, 1994.

基礎法学翻訳叢書　第1巻
現代法哲学入門

2023年7月20日　第1版第1刷発行

著　者　アンドレイ・マーモー
監訳者　森《もり》村《むら》　進《すすむ》
発行者　井　村　寿　人

発行所　株式会社　勁《けい》草《そう》書　房

112-0005　東京都文京区水道2-1-1　振替　00150-2-175253
（編集）電話　03-3815-5277／FAX　03-3814-6968
（営業）電話　03-3814-6861／FAX　03-3814-6854
平文社・松岳社

ISBN978-4-326-45129-6　Printed in Japan

＊落丁本・乱丁本はお取替いたします。
ご感想・お問い合わせは小社ホームページから
お願いいたします。

https://www.keisoshobo.co.jp